Kirsten Schulitz

Liebe dein Leben
und lebe deine Träume!

Ratgeber für ein glückliches und zufriedenes Leben in allen Bereichen,
im Einklang mit dem Rest der Welt.

Originalausgabe, 2009
(für den Buchhandel überarbeitete Ausgabe)

ISBN 9783839119068

Internet:
www.liebe-dein-leben.de
http://kirstenschulitz.jimdo.com/

Herstellung und Verlag: Books on Demand GmbH, Norderstedt

Dieses Buch widme ich allen Menschen,

die bereit sind, das Beste aus Ihrem Leben zu machen,
die bereit sind, an sich zu arbeiten,
die bereit sind, alles ihnen mögliche zu erreichen,

und die nie die Achtung verlieren
vor dem Leben, den Kindern, den Tieren und der Natur.

Kirsten Schulitz

INHALTSVERZEICHNIS

I. VORWORT

Das Leben kann so schön sein! Denken Sie dies auch manchmal, fragen sich aber gleichzeitig, warum es denn nicht einfach immer schön sein kann...?

Natürlich kann das Leben nicht immer nur wundervoll sein! Denn wie sollten wir ohne Tiefen die Höhen zu schätzen wissen? Auch die schlechten Tage haben ihren Sinn! Dennoch – wir können noch so viel mehr aus unserem Leben machen, so viel mehr erleben, so viel mehr erreichen, so viel mehr Gutes tun. Daher – fangen auch Sie noch heute damit an! Den ersten Schritt haben Sie bereits getan, denn Sie halten dieses Buch in Ihren Händen – ein Buch, das Sie auf Ihrem weiteren Lebensweg begleiten soll, ein Buch, das Ihnen den Weg in eine erfüllte Zukunft zeigen wird!

Seit vielen Jahren beschäftige ich mich mit positivem Denken, Esoterik, Homöopathie, Motivationstechniken, Finanzen, gesunder Ernährung und vielen weiteren Dingen, die mein Leben bereichern. Täglich lerne ich dazu, täglich komme ich meinen Zielen und Träumen ein Stückchen näher. Und das können Sie auch – Sie müssen nur dazu bereit sein!

Ich habe viele Bücher gelesen, viele Anregungen ausprobiert. Schon oft habe ich mich gefragt: Warum gibt es nicht ein Buch, das alle mir wichtigen Weisheiten und Anregungen zusammen fasst? Nach und nach musste ich die einzelnen, mir persönlich wichtigen und meiner Person entsprechenden Themengebiete zusammensuchen und ausprobieren, mit dem Erfolg, dass ich meine gesammelten Erfahrungen nun an Sie weitergeben kann – in nur diesem einen, für Sie von nun an hoffentlich unentbehrlichen Ratgeber.

Selbstverständlich müssen Sie nicht alle meine Ratschläge annehmen, nicht mit jedem Punkt mit mir einverstanden sein - probieren auch Sie aus, denken Sie über die einzelnen Kapitel nach, wählen Sie die Ihren Vorstellungen entsprechenden Anregungen aus. Doch lassen Sie jedes Kapitel auf sich wirken; denken Sie darüber nach, ob nicht doch vielleicht ein wenig des Geschriebenen auch auf Sie in Zukunft zutreffen könnte.

Ich wünsche mir, dass die Welt ein wenig besser wird, und ich hoffe, dass ich mit diesem Buch auf meine ganz persönliche Weise ein ganz kleines Stück dazu beitragen kann.

Ihre Kirsten Schulitz

II. VORBEREITUNG

Träume nicht Dein Leben – lebe Deine Träume!

Ich liebe diesen Spruch; und wie ich, sollten auch Sie ihn zu Ihrem Lebensmotto machen!

Glauben Sie mir, in Ihnen steckt viel, viel mehr, als Sie sich bis jetzt zugetraut haben – Sie müssen sich einfach nur trauen!

Kennen Sie den Sinn Ihres Lebens?
Finden Sie ihn!

Sind Sie glücklich?

Was ist Glück für Sie?

Dieses Buch soll Ihnen helfen, diese Fragen zu beantworten, und es wird Sie dabei unterstützen, Ihre Ziele zu erreichen, Ihre Träume zu leben.

Bevor Sie jedoch die einzelnen Kapitel durcharbeiten, möchte ich Sie bitten, sich jetzt einige Minuten in Ruhe Zeit zu nehmen und die folgende Liste mit Muße durchzuarbeiten. Gehen Sie jede Frage einzeln und mit genügend Zeit durch, und schreiben Sie Ihre Antworten hier auf. Können Sie noch keine Antwort finden, lassen Sie die Zeile frei. Machen Sie sich dann später vermehrt um diese noch fehlenden Antworten Gedanken. Gehen Sie in sich, horchen Sie in sich hinein.

Und nun starten Sie aktiv in Ihr neues Leben:

Wer bin ich?

Stellen Sie sich vor, Sie könnten frei entscheiden, wer Sie sind und wie Sie aussehen, mit Ausnahme der nicht zu ändernden Tatsachen wie Alter und Körpergröße. Also – wie würden Sie sich gerne sehen? Schreiben Sie es auf:

Mein Gewicht: _______________________________________

Mein Kleidungsstil: _________________________________

Meine Frisur: _____________________________________

Meine Statur: _____________________________________

Mein Auftreten: ___________________________________

Meine Einstellung: _________________________________

Meine Ausstrahlung _________________________________

Meine Hobbys: _____________________________________

Meine Ernährung: __________________________________

Meine Vorlieben: ___________________________________

Meine Grundsätze: __________________________________

Wo lebe ich?

Stellen Sie sich jetzt vor, Sie könnten frei entscheiden, wo Sie leben – in der Stadt, auf dem Land, in einer Penthousewohnung, in einem eigenen Haus, im Ausland. Vergessen Sie Überlegungen wie Fahrt zum Arbeitsplatz und finanzielle Aspekte. Sie haben die freie Wahl. Wo und wie leben Sie in Ihren Träumen? Wo sehen Sie sich? Dennoch sollten Sie berücksichtigen, wie wichtig Ihnen die Nähe zu Ihren Freunden und Verwandten ist. Also – wo sehen Sie Ihr wahres Zuhause? Schreiben Sie es auf:

Ich lebe in (Land): ____

Ich lebe in (Ort?): ____

Ich wohne ländlich / in der Stadt: _______________________________

Das ist mein Zuhause: ____

Das ist meine Einrichtung: _____________________________________

Dies ist meine Umgebung: ______________________________________

Wie lebe ich?

Stellen Sie sich vor, Sie könnten Ihren Lebensstil frei wählen. Wie würde sich Ihr Tag gestalten? Was haben Sie für Hobbys? Wofür engagieren Sie sich? Lassen Sie hier das Thema Geldverdienen einmal völlig außer Acht. Stellen Sie sich entweder vor, Sie müssten nicht mehr arbeiten, oder sehen Sie sich einfach nur am Wochenende. Wie leben Sie? Schreiben Sie es auf:

Mein Lebensstil: ____

Meine Mitmenschen: ____

Meine Vorlieben: ____

Ich engagiere mich für: ____

Meine Hobbys: ____

Das ist mir wichtig: ____

Womit verdiene ich mein Geld?

Sicherlich kann es auch ein Ziel sein, seinen Lebensunterhalt nicht mehr verdienen zu müssen, so viel Geld zu haben, dass man nicht mehr arbeiten muss. Doch um dort hinzukommen – von einem Lottogewinn einmal abgesehen – bedarf es doch einer konsequenten Planung und schrittweisen Realisierung. Sie müssen erst einmal also Geld verdienen, doch Sie sollen sich nun vorstellen, dass Sie dieses Geld auf eine Weise verdienen können, die Sie absolut erfüllt. Was wäre Ihr Wunschberuf? Was macht Ihnen wirklich Spaß? Lassen Sie einmal außer Acht, ob Ihr Vorhaben realistisch oder rentabel ist, lassen Sie außer Acht, ob Sie damit wirklich Einnahmen erzielen könnten. Was macht Ihnen wirklich Spaß, wobei vergessen Sie die Zeit, was erfüllt Sie?

Schreiben Sie es auf:

Ich vergesse die Zeit, wenn ich:

____
____
____

Ich bin richtig glücklich, wenn ich:

____
____
____

Mein Traumberuf ist:

____
____
____

So verdiene ich mein Geld:

____
____
____

Haben Sie sich in der Zukunft gesehen? Dann gehen Sie noch einmal in sich und beantworten Sie sich die folgenden entscheidenden Fragen:

Was ist Glück für mich?

____
____
____

Was ist mein Lebensziel?

____
____
____

Was ist der Sinn meines Lebens?

____
____
____

Wie reich möchte ich sein?

____
____
____

So, und jetzt fangen Sie an, Ihre Träume zu leben! Setzen Sie Ihre obigen Angaben in die Realität um! Alles ist möglich! *Sie können alles schaffen, vorausgesetzt, Sie glauben ganz fest daran und tun gleichzeitig verdammt viel dafür!* Wie im Einzelnen, das möchte ich Ihnen auf den folgenden Seiten im Detail aufführen.

Arbeiten Sie an sich – und alle Ihre Wünsche und Vorstellungen werden in Erfüllung gehen!

Und nun wünsche ich Ihnen viel Spaß und Erfolg beim Lesen und Umsetzen der nachfolgenden Ausführungen!

III. INNENWELT

Beginnen wir mit der Welt in Ihnen, mit Ihrer Person an sich!

1. VERHALTEN

Wie sieht Ihr alltägliches Verhalten aus? Was können Sie verändern bzw. verbessern, um zufriedener durch den Tag zu gehen, um Ihren eigenen Vorstellungen von sich wirklich zu entsprechen?

a) Tägliche Einstellung

Den Augenblick genießen

Leben Sie jeden Tag so, als wäre es Ihr letzter! Überdenken Sie diesen Satz einmal – genießen Sie wirklich jeden einzelnen Augenblick, leben Sie wirklich im Jetzt, leben Sie wirklich bewusst? Wie viel schöner könnte Ihr Leben sein, wenn Sie diese Punkte beherzigten? Vergessen Sie nie: dieser Augenblick ist einmalig, es gibt ihn nur jetzt, er wird sich nie wiederholen!

Lachen

Fangen wir mit dem einfachsten Mittel an: Lachen. Ja, ganz einfach lachen. Gehen Sie mit einem Lächeln auf den Lippen durch Ihr Leben.

Stellen Sie sich vor, Sie haben sich gerade extrem über etwas oder eine Person geärgert. Und anstatt zu schmollen, aufzubrausen oder vor Zorn fast zu explodieren, reagieren Sie ganz einfach nur mit einem Lächeln. Probieren Sie es aus! Sie werden feststellen, wie harmlos Ihnen alles allein durch Ihre positive Grundeinstellung plötzlich erscheint, wie belanglos, wie unwichtig. Lächeln Sie, lachen Sie. Lächeln Sie Ihre Mitmenschen an. Ich garantiere Ihnen, wenn Sie Ihren Mitmenschen freundlich begegnen, werden Sie diese Freude tausendfach zurückbekommen. Und, mal ganz ehrlich, können Sie eine ärgerliche Situation tatsächlich mit negativen Gefühlsausbrüchen ändern oder verbessern? Nein. Aber mit einem Lächeln im Gesicht entspannen Sie sich selber, entspannen Sie die Situation, entspannen Sie Ihr Leben. Und häufiges, herzliches Lachen, davon einmal abgesehen, ist bekanntlich eines der besten Heilmittel!

Dankbar sein

Wer kennt Sie nicht, die Momente, wo wir uns einfach nur schlecht fühlen, nicht mehr weiter wissen, uns nur zum Heulen zumute ist. Das beste Heilmittel dagegen: *Seien Sie dankbar!* Überlegen Sie einmal, wie viele Menschen es gibt, denen es viel, viel schlechter geht als Ihnen! Seien Sie dankbar für die schönen Stunden, die es in Ihrem Leben schon gab; seien Sie dankbar für das, was Sie haben; seien Sie dankbar für die Möglichkeiten, die sich Ihnen noch bieten! Und wenn es Ihnen leider wirklich nicht gut gehen sollte: Seien Sie dankbar dafür, dass Sie sehen können, dass Sie hören können, dass Sie Arme haben, dass Sie Beine haben!!! Denken Sie immer daran: Es könnte immer noch schlimmer sein! Sie aber haben Glück, denn es ist ja nicht noch schlimmer – seien Sie dankbar dafür!

Genießen und bewusst leben

Genießen Sie jeden Augenblick Ihres Lebens! Tun Sie das, was Sie tun, ganz *bewusst.* Genießen Sie den Duft einer Rose, den Sie während eines Spazierganges einatmen können. Genießen Sie bewusst Ihre Mahlzeiten. Genießen Sie die Momente der Ruhe. Genießen Sie ausgiebig alles, was Sie gerne tun. Genießen Sie auch die ach so unbedeutenden Dinge, wie den Anblick der frei fliegenden Vögel im Himmel, den Sonnenuntergang, die Streicheleinheiten Ihres Partners. Machen Sie alles bewusst und genießen Sie! Leben Sie so bewusst wie möglich - leben Sie nicht am Leben vorbei! Denn das Leben ist viel zu kurz, um es an sich vorbeirauschen zu lassen!

Tun, was gut tut

Soweit Sie es sich aussuchen können: Tun Sie nur Dinge, die Ihnen gut tun. Wenn Sie heute Abend lieber mit Freunden ins Kino gehen möchten denn die Schwiegereltern zu besuchen, dann gehen Sie ins Kino! Wenn Sie das Wochenende lieber faulenzen wollen denn dem Schwager beim Umzug zu helfen, dann sagen Sie Ihrem Schwager ab! *Es ist Ihr Leben!* Tun Sie, was Ihnen gut tun, wozu Sie Lust haben. *Lernen Sie, „NEIN" zu sagen!* Sie sind es sich selbst schuldig! Und wenn Sie ein wenig Diplomatie anwenden, dann wird Ihnen auch niemand böse sein. *Leben Sie IHR Leben – Sie haben nur dieses eine!* Ein gesunder Egoismus, der dennoch aber natürlich niemals anderen schaden sollte, wird Ihr Leben enorm bereichern. Handeln Sie *für* sich aber *nie auf Kosten anderer.*

Liebe

Können Sie lieben, wirklich lieben? Ich meine nicht nur den Partner, nein, auch die Eltern, die Geschwister, die Freunde, das Haustier, die Nachbarn, die Umwelt. Natürlich, Sie müssen nicht alles und jeden lieben - im Gegenteil. Aber die Menschen und Dinge, die Ihnen wirklich am Herzen liegen, denen sollten Sie aufrichtige Liebe entgegenbringen, diese Liebe auch zum Ausdruck bringen, sie zeigen. Liebe heißt: aus tiefstem Herzen für jemanden oder etwas Zuneigung empfinden. Tragen Sie die Liebe in Ihrem Herzen, und zeigen Sie dies auch! *Denn nur wer Liebe gibt, kann auch Liebe empfangen!* Liebe heißt *Liebe geben,* niemals aber Liebe erwarten. *Und Liebe heißt auch loslassen.* Wer wirklich liebt, kann auch loslassen, kann auch in Liebe Abschied nehmen. *Denn nur die selbstlose Liebe zeugt von wahrer Liebe.*

Harmonie

Wie wichtig ist Harmonie in Ihrem Leben? Suchen Sie den Streit oder wünschen Sie sich Frieden? Meinen Sie nicht auch, dass ein harmonisches Leben Ihnen viel mehr geben kann als ständiger Unfrieden? *Suchen Sie die Harmonie, strahlen Sie Harmonie aus, leben Sie in Harmonie.* Und immer, wenn dies partout nicht möglich ist: Gehen Sie den Streithähnen aus dem Weg! Meiden Sie negative Situationen! Es ist Ihr Leben! Keiner zwingt Sie, sich in Disharmonien einzumischen, diese hinzunehmen oder gar mit ihnen auf Dauer leben zu müssen. Wählen Sie die Harmonie, suchen Sie friedliche, ausgewogene Menschen und Situationen. Alles andere haben Sie nicht nötig.

Gefühle zulassen

Lassen Sie Gefühle zu! Auch wenn Sie ein Mann sind...! Schließlich sind Sie ein Mensch, und ein Mensch hat nun einmal Emotionen. Wenn Sie sich freuen, lachen Sie! Wenn Sie traurig sind, weinen Sie! Wenn Sie wütend sind, zeigen Sie dieses! Wenn Sie melancholisch sind, gönnen Sie sich Ihre Ruhe! *Sie haben ein Recht auf Ihre Gefühle!* Und wie besser werden Sie sich fühlen, wenn Sie offen zeigen, wie Ihnen zumute ist, wenn Sie nichts mehr in sich „hineinfressen" oder unterdrücken. Bedenken Sie aber immer: suchen Sie die Harmonie, suchen Sie Liebe und Freude, Heiterkeit und Frieden. Meiden Sie alles Negative, Ihnen Widerstrebende. Gefühle, als Mittel zum Zweck eingesetzt, sind hiermit allerdings nicht gemeint. Wirkliche, wahre Gefühle, die Sie gerade empfinden, diese Gefühle dürfen und können Sie immer zum Ausdruck bringen. Unterdrückte Gefühle machen krank – gelebte Emotionen befreien.

<u>Sorgen</u>

Machen Sie sich permanent Sorgen? Gehören Sie zu den Menschen, die immer um etwas oder jemanden in Sorge sind? Vielleicht sorgen Sie sich, weil Ihr Partner noch nicht zu Hause ist? Vielleicht sorgen Sie sich, weil Ihr Kind krank ist? Vielleicht machen Sie sich Sorgen darüber, ob Sie die Prüfung auch bestanden haben? Die Liste ist unendlich. Doch nun machen Sie sich bitte bewusst: *Was können Sie mit Ihren Sorgen verändern? Nichts! Absolut nichts!* Sich Sorgen machen bringt niemandem etwas, weder demjenigen, um den Sie besorgt sind, noch Ihnen selber. Im Gegenteil, je mehr Sorgen Sie beschäftigen, umso weniger können Sie sich mit den wirklich wichtigen Dingen befassen! *Vergessen Sie Ihre Sorgen!* Fragen Sie sich erst einmal, ob Ihre Bedenken überhaupt gerechtfertigt sind. Und wenn tatsächlich ja – dann *handeln Sie!* Rufen Sie Ihren Partner an, pflegen Sie Ihr krankes Kind, lernen Sie noch mehr für die Prüfung! Nur so, durch Handeln, können Sie etwas bewegen. Sorgen sind nichts anderes als unnötige Zeit- und Lebensverschwendung. Arbeiten Sie an sich! Und ohne Sorgen wird Ihr Leben um einiges an Wert gewinnen. Probieren Sie es aus! *Vergessen Sie Ihre Sorgen und handeln Sie!*

b) Positiv Denken

Denken Sie positiv! Eine positive Einstellung wird Ihr Leben viel freundlicher gestalten, beschert Ihnen Engagement und Durchhaltevermögen, gibt Ihnen Kraft, Mut und Hoffnung! Und schließlich füttern Sie Ihr Unterbewusstsein auf diese Weise konsequent und permanent mit positiven Gedanken, die es alsbald in die Wirklichkeit umsetzen wird! Bleiben Sie beharrlich, auch bei Fehlschlägen, *Ihre positiven Gedanken werden schlussendlich siegen!* Sie zweifeln an dieser Aussage? Gut: Wie oft haben Sie sich Sätze gesagt wie „das schaffe ich nie" – und es tatsächlich nicht geschafft? Wenn Sie aber von Anfang an sicher waren „das kriege ich hin, weil ich es will", sind Sie dann jemals gescheitert?

<u>Gedanken kontrollieren</u>

Sie müssen all Ihre Gedanken voll und ganz unter Kontrolle haben! Wer nur Negatives denkt, wird auch nur Negatives ernten. Wer dagegen nur positiv denkt, wird auch nur das Positive anziehen! Dies ist mit die wichtigste Übung überhaupt, um Ihr Leben in die von Ihnen gewünschte Richtung zu lenken:

Ihr Unterbewusstsein speichert die ihm eingegebenen Signale und setzt sie in die Wirklichkeit um!

Merken Sie sich diesen Satz! ***So, wie Sie denken, so sind Sie!*** Denken Sie an Reichtum, so werden Sie reich. Denken Sie nur an Armut, so bleiben Sie arm! Sicherlich haben Sie auch schon des Öfteren festgestellt, dass reiche Menschen immer mehr Reichtum anziehen – Sie denken im Reichtum! Warum kommen viele arme Menschen nicht aus ihrer Armut heraus? Sie denken an Armut, an nichts anderes als an Armut und dass es ihnen schlecht geht. Und nun nehmen Sie sich die bemerkenswerten Bespiele von Personen, die es geschafft haben, die in wirklich tiefster Armut aufgewachsen sind und schließlich ihren Weg in die erfolgreiche, finanziell wohl behütete Gesellschaft geschafft haben: sie haben an sich und ihren Erfolg geglaubt – und haben automatisch den richtigen Weg eingeschlagen.

Daher: kontrollieren Sie Ihre Gedanken*! Wenn Sie merken, dass negative Vorstellungen bei Ihnen aufkommen, verbannen Sie diese sofort!* Stellen Sie sich sofort das Gegenteil vor: das Gute, das Schöne, das Positive!

Sie wünschen sich finanziellen Wohlstand? Malen Sie sich immer wieder aus, wie Sie dann leben werden, wie und wo Sie wohnen werden, wie sich Ihr Alltag gestaltet. Leben Sie so lebendig wie möglich in diesen Tagträumen. Probieren Sie es aus! Sie können sicher sein, wenn Sie diese Regel wirklich beharrlich befolgen, werden sich alle Ihre Wünsche erfüllen!

Fangen Sie im Kleinen an und tasten Sie sich nach und nach immer weiter vorwärts in Richtung Ihrer größeren Wünsche bis hin zu Ihrem Lebenstraum! So haben Sie zum einen kleine Erfolgserlebnisse, gleichfalls lernen Sie dieses System der „Programmierung" kennen und schätzen. Denn erst, wenn Sie daran glauben, dass es funktioniert, wenn Sie es bereits schon selbst erlebt haben, erst dann sind Sie wirklich durch Ihre eigene Überzeugung so stark in Ihren positiven Wünschen, dass Ihr Unterbewusstsein gar nicht mehr anders kann als Ihre eindeutigen Suggestionen als Tatsachen anzunehmen und schließlich umzusetzen.

<u>Zuversicht und Vertrauen</u>

Dennoch aber handelt es sich hier um eine schwierige Übung – nein, einfach ist das Kontrollieren und Umsetzen der eigenen Gedanken ganz bestimmt nicht!

Wenn Sie meinen, Sie bräuchten sich eine Woche lang jeden Abend vor dem Einschlafen lediglich intensiv vor Ihren Augen Ihre Ziele vorstellen, dann sind Sie sicherlich auf dem richtigen Weg, aber garantiert nach dieser einen Woche noch nicht am Ziel Ihrer Vorstellungen! Nein, Sie müssen schon eine Menge Geduld aufbringen und immer und immer wieder an Ihren Vorstellungsbildern arbeiten und sie Ihrem Unterbewusstsein „einschweißen". Das kann Wochen dauern, ja Monate, gar Jahre. Aber Sie werden Ihre Ziele erreichen! Je größer Ihr

Ziel, umso intensiver und länger müssen Sie mental daran arbeiten. Und natürlich werden Sie auch Misserfolge und Rückschläge begleiten! Das gehört zu Ihrer Aufgabe! Schließlich wollen und sollen Sie in Ihrem Leben ja auch noch eine Menge dazulernen – denn ohne Fehler ist die Erreichung von Zielen so gut wie ausgeschlossen. *Bleiben Sie beharrlich!* Üben Sie sich in Zuversicht und vor allem: *Haben Sie Vertrauen!* Vertrauen Sie in Ihre Ziele, vertrauen Sie, dass Sie auf dem richtigen Weg sind, vertrauen Sie, dass sich alles zum Guten wenden wird. Ich garantiere Ihnen, so wird es sein! Natürlich ist es manchmal sehr hart, wenn man nicht mehr weiter weiß, schon wieder einen Rückschlag erlitten hat, dennoch immer noch glauben soll, dass lediglich das Vertrauen in die richtige Lösung Sie wieder auf die richtige Bahn zurück bringen wird. Doch so wird es sein. Versuchen Sie es – *vertrauen Sie in sich selbst und in die höhere Macht des Lebens! Sie werden siegen!*

Nur Ihre Reaktion zählt

Wenn Sie Ihr Leben im Jetzt genießen wollen, dann achten Sie auf Ihre Reaktionen! *Nur aufgrund Ihrer Reaktion können Sie sich selber „die Suppe versalzen oder die Suppe genießen".*

Nehmen wir an, Sie haben sich gerade fürchterlich über Ihren Chef geärgert, weil dieser Sie einmal wieder übergangen hat. Nun können Sie aufbrausen, Ihre ganze Abteilung „verrückt machen", das Schicksal ankreiden, dass doch alles ungerecht sei. Sie können sich schlecht fühlen, denken vielleicht nur noch an Arbeitsverweigerung oder Kündigung. Zuhause lassen Sie den Frust dann an Ihrer Familie aus, alles endet in einem so richtig schlimmen Tag. Doch Sie können auch anders reagieren: Sie machen sich bewusst, dass es doch schließlich Ihr Leben ist, und das morgen auch noch ein Tag ist. Sie akzeptieren vorerst die Entscheidung Ihres Chefs, überlegen abends in Ruhe, wie es dazu kommen konnte und was Sie in Zukunft besser machen können. Sie reden mit Ihrer Familie darüber, und gemeinsam kommen Sie vielleicht zu einer guten Lösung. Am nächsten Tag gehen Sie zu Ihrem Chef und berichten ihm, dass auch Sie gerne weiterkommen möchten und bieten ihm an, in Zukunft nur noch Ihr Bestes zu geben, um schließlich für sich selber und für die Firma einer der besten Mitarbeiter zu werden. Was glauben Sie, wird Ihr Chef tun? Er wird Sie garantiert nie wieder übergehen! Im Gegenteil!

Dieses Beispiel können wir durch viele andere ersetzen. Es soll Ihnen einzig verdeutlichen: Nur Ihre Reaktion zählt! Daher - kontrollieren Sie Ihre Reaktionen! *Die Zeit ist viel zu kostbar, um sich unnötig das Leben zu vermiesen!* Arbeiten Sie an sich, reagieren Sie von Mal zu Mal gelassener, überlegter. Und Ihr Leben wird einiges an Wert gewinnen!

<u>Man kann aus jeder Situation lernen</u>

Sicherlich werden Ihnen auf Ihrem Weg eine Menge Steine in den Weg gelegt werden. Sie werden zurückfallen, Sie werden herunterfallen. Doch Sie werden wieder aufstehen! Und aus jedem Fall werden Sie lernen, denn diesen Fehler begehen Sie in Zukunft garantiert nie wieder! Jeder Fehler, jeder Rückfall macht Sie stark und stärker! Sie können also für Rückschläge und Fehler dankbar sein, denn durch sie können Sie Ihren weiteren Weg besser und zielsicherer einschlagen. Was auch passiert, fragen Sie sich immer: *Was kann ich Positives aus dieser Situationen mitnehmen?* Was kann ich daraus lernen? Ihnen wird immer etwas einfallen! Denken Sie nur in Ruhe darüber nach.

Natürlich gibt es Situationen, die für Sie keinen positiven Sinn ergeben – zumindest vorerst nicht. Doch glauben Sie an den Satz: *Alles hat einen Sinn!* Warten Sie, vertrauen Sie – und wenn Sie den Sinn dieser jetzigen furchtbaren Situation erst in vielen Jahren erkennen, es gibt diesen Sinn! Und dieser ist immer positiv für Sie und Ihr Leben.

<u>Suchen Sie das Positive</u>

Wie schon gesagt, Sie können sich selber Ihr Leben vermiesen, gleichfalls aber können Sie sich Ihr Leben auch so wertvoll wie möglich gestalten. Sie haben die Wahl, Sie alleine. Versuchen Sie, immer das Positive an einer Situation zu sehen, und Sie werden den Wert der Angelegenheit erkennen. Es wird Sie bereichern. Nein, es ist mitnichten nicht immer leicht, Positives zu erkennen. Doch es ist möglich, versuchen Sie es, suchen Sie es!

Sie erhalten eine Kündigung? Wunderbar, das ist der beste Zeitpunkt, um über seinen weiteren beruflichen Weg nachzudenken und endlich das zu tun, was Sie schon immer wollten! (...auch ein älterer Arbeitnehmer kann sich z.B. jederzeit selbständig machen...) Ihr Partner verlässt Sie? Natürlich tut das am Anfang sehr weh – doch war es wirklich die richtige Person? Sind Sie nicht jetzt vielmehr frei, sich selbst zu verwirklichen, um danach den tatsächlich Ihnen entsprechenden Partner zu finden? Sie können immer das Beste aus einer gegebenen Situation machen. Vorausgesetzt, Sie jammern nicht, sondern denken nach und handeln dann entsprechend!

Eine Ausnahme möchte ich hier anführen: den schmerzlichen Tod eines geliebten Menschen oder eines lieb gewonnenen Haustieres. Hier fällt es wahrlich schwer, auch nur einen Funken Gutes an dem Abschied zu finden. Doch auch hier können wir für unser weiteres Dasein etwas lernen: dass nämlich der Tod, so traurig und schmerzhaft diese Erkenntnis auch ist, zum Leben gehört. Und dass wir deshalb jeden kostbaren Augenblick mit unseren Lieben so leben sollten, als würden wir morgen nicht mehr beisammen sein. Und diese Erkenntnis wird Ihr Leben bereichern! *Leben Sie im Heute!* Leben Sie so intensiv und liebevoll wie Ihnen nur möglich! Und es wird Ihnen nie widerfahren, dass Sie sich sagen hören: „Warum ist er gerade jetzt von uns gegangen? Ich wollte ihm doch noch so viel sagen; dieser Streit, den wir hatten. Wir sind im Streit auseinander gegangen. Wie gerne möchte ich ihm noch einmal begegnen und ihm sagen, wie leid es mir alles tut." Lernen Sie daraus! Der Tod gehört zum Leben, wir alle müssen irgendwann einmal sterben. *Doch solange wir leben, haben wir die Macht über das, was wir tun, wie wir sind, was wir sagen.*

c) Innere Stimme

Hören Sie auf Ihre innere Stimme! Ihr Unterbewusstsein kommuniziert mit Ihnen über Ihre innere Stimme!

Sie kennen bestimmt auch diese Situationen, in denen Sie ohne weitere Begründung nur sagen können: „Ich hatte da so ein Gefühl..." Dieses Gefühl erhielten Sie ebenfalls von Ihrem Unterbewusstsein! Auf diesem Wege will Ihr Unterbewusstsein Sie warnen, Sie in eine andere Richtung lenken, Sie auf etwas aufmerksam machen, Ihnen den richtigen Weg zeigen.

Je mehr Sie Ihre Fähigkeiten trainieren, Ihre innere Stimme wahrzunehmen, umso hilfreicher wird Ihnen Ihr Unterbewusstsein in Zukunft sein! Sie können diese Fähigkeit trainieren, jeden Tag ein bisschen mehr, ein wenig intensiver. Horchen Sie in sich hinein! Fangen Sie mit kleinen Übungen an. Wenn zum Beispiel das Telefon klingelt, horchen Sie in sich, wer da wohl anruft. Wenn Sie im Restaurant die Speisekarte studieren, wählen Sie intuitiv. Erspüren Sie die Temperatur, bevor Sie auf das Thermometer sehen. Integrieren Sie diese Übungen in Ihren gesamten Alltag, und Sie werden Ihrer inneren Stimme immer mehr vertrauen können. Und wenn Sie wirklich einmal das Gefühl haben: „Irgendetwas warnt mich, dieses lieber nicht zu tun." Dann tun Sie es nicht! Sie werden es bereuen! Diese Fähigkeit könnte einmal Ihr Leben retten, indem Ihnen beispielsweise Ihre innere Stimme sagt: „Steige nicht in diesen Zug!" Und am nächsten Tag lesen Sie doch tatsächlich von einem Zugunglück mit genau dem Zug, den Sie nehmen wollten! Auch könnte Ihnen Ihre innere Stimme sagen: „Kaufe diesen Wagen nicht!" Vielleicht hat das Fahrzeug einen gravierend versteckten Mangel, den Sie nach dem Kauf bitter bereuen würden?! Vielleicht hören Sie Ihre innere Stimme aber auch einmal sagen: „Gehe hier entlang!" Und Sie entdecken am Ende des Weges etwas, das Sie schon lange gesucht haben?! Vertrauen Sie Ihrer inneren Stimme, Ihrem Unterbewusstsein, und trainieren Sie täglich Ihre Fähigkeit, diese Stimme zu vernehmen. Sie werden erstaunt sein, wie viel *Unerklärliches* Ihnen in Ihrem Leben widerfahren wird!

d) Eigeninitiative

<u>So tun, als ob</u>

Dieses ist eine der wichtigsten Lektionen, die Sie Ihren Träumen ein Stück näher bringt: *Tun Sie so, als ob!* Wenn Sie momentan an Ihrer Arbeitssituation nichts ändern können, für Ihren Job jedoch nicht viel übrig haben, tun Sie so, als ob Sie ihn gerne tun würden! Tun Sie so, als hätten Sie Spaß an Ihrer Arbeit! Sie werden schnell feststellen, dass Sie viel mehr von Ihrem Tag haben, als wenn Sie acht Stunden lang nichts sehnlicher herbei wünschen als Ihren Feierabend. Tun Sie so, als ob Sie Freude an Ihrer Tätigkeit hätten – und ändern Sie gleichzeitig schnellstmöglich Ihre Situation – dazu aber später.

Sie möchten reich sein? Tun Sie so, als ob Sie bereits viel Geld hätten. Beschäftigen Sie sich mit reichen Themen. Lesen Sie Anlagemagazine, lesen Sie Finanzratgeber. Beschäftigen Sie sich mit Aktien und Fonds. Kleiden Sie sich so, als wären Sie schon reich. Das müssen nicht die teuren Markenklamotten sein – der Stil macht hier die Musik. Kleiden Sie sich in dem Stil, der für Sie Reichtum ausdrückt. Umgeben Sie sich mit wohlhabenden Menschen, gehen Sie beispielsweise in die Oper, auf den Golfplatz, usw. Tun Sie, wann immer es Ihnen möglich ist, so, als ob Ihr Ziel bereits erreicht wäre.

Sehen Sie sich in Ihren Träumen als schlank und schön? Dann tun Sie auch hier so, als ob Sie dieses Ziel bereits erreicht hätten. Kleiden Sie sich entsprechend, pflegen Sie sich entsprechend, geben Sie sich entsprechend.

Wenn Sie so tun, als ob Sie Ihre Ziele bereits erreicht hätten, so geben Sie Ihrem Unterbewusstsein weitere Impulse in die richtige Richtung. Sie lenken Ihr Denken automatisch zielstrebig Ihren Träumen entgegen. Tun Sie so als ob – und Ihre Träume rücken unweigerlich näher an Sie und die Realität heran. Tun Sie so als ob, und Sie verkürzen den Weg zur Erreichung Ihrer Wunschträume um viele Kilometer!

<u>Mut haben</u>

Seien Sie mutig! Trauen Sie sich alles zu! Nur durch ausprobieren kommen Sie weiter! Wagen Sie Ihre Schritte nach vorne! Nichts hält Sie mehr von der Erreichung Ihrer Ziele ab als die Angst vor neuen, ungewohnten Situationen und Vorhaben! *Stürzen Sie sich ins kalte Wasser!* Sie werden verdammt stolz auf sich sein und mehr und mehr an Selbstbewusstsein gewinnen, Selbstbewusstsein, das Sie auf Ihrem Weg unterstützt.

Denken Sie daran: Nur wer wagt, gewinnt! Und wer sich wagt, braucht Mut.

Sollte Ihnen doch einmal ein kleiner Impuls fehlen, um all Ihren Mut zusammen zu nehmen, dann sagen Sie sich: das haben schon so viele andere vor mir geschafft – dann kann ich das erst recht! Und Sie können!

<u>Selbstbestimmung</u>

Bestimmen Sie selbst, wo es lang geht! Bestimmen Sie selbst, wer und wie Sie sind! Bestimmen Sie selbst, wie und wo Sie leben möchten!

Sie alleine bestimmen Ihr Leben – denn es ist Ihr Leben! Lassen Sie sich nie das Ruder aus der Hand nehmen, lassen Sie sich nie fremd bestimmen! Sicherlich, manchmal müssen Sie Kompromisse eingehen – aber immer nur insoweit, wie Sie es vertreten können!

Wie viele erwachsene Menschen gibt es, die ihr Leben vom Partner, von den Eltern, den Freunden, den Verwandten, dem Chef, der Firma, usw. bestimmen lassen. Sie kennen sicherlich auch die eine oder andere Person, die nicht mehr Herr ihres eigenen Lebens ist. Die einen wissen dies und klagen und jammern, die anderen haben sich schon lange damit abgefunden und merken ihre Unterdrückung gar nicht mehr. Doch sind diese Menschen glücklich?

Vielleicht aber sind Sie selber in einer derartigen Situation, die Ihr Leben natürlich stark einschränkt. Und sicherlich bedrückt Sie dieser Zustand, denn Sie leben mit Fesseln, Fesseln, von denen nur Sie selber sich befreien können. Denken Sie immer daran: es ist Ihr Leben! Sie haben nur dieses eine! Kein Mensch auf dieser Welt hat das Recht, über Sie und Ihr Leben zu bestimmen! Dies liegt einzig und allein in Ihrer eigenen Verantwortung. Und schließlich haben Sie irgendwann einmal auch selber beschlossen, sich diese Fesseln anlegen zu lassen. Sonst wären Sie jetzt nicht in dieser Lage. Wenn Sie sich mehr Freiheit wünschen, mehr Unabhängigkeit, dann können nur Sie, Sie alleine, Ihr Leben zurückgewinnen: Handeln Sie! Sprengen Sie die Fesseln! Nehmen Sie all Ihren Mut zusammen, bündeln Sie Ihre Kraft und Energie, und tun Sie das, was Sie schon lange tun wollten, um endlich wieder frei atmen zu können. Lösen Sie sich von den Zwängen, den Fesseln, den Menschen, die Sie beschränken. Führen Sie Gespräche, setzen Sie Zeichen, wenden Sie sich notfalls ab von aller Last, die Sie nicht mehr zu tragen bereit sind. Doch eines nimmt Ihnen keiner ab: das Handeln. Handeln und ändern und Ihr Leben zurückgewinnen – das können nur Sie selber. Doch wenn Sie es wollen, aus tiefstem Herzen wollen, um Ihr eigenes Leben zurück zu gewinnen, dann werden Sie es auch schaffen! Wenn auch Scherben zurückbleiben, so werden Sie sich wieder zufrieden im Spiegel betrachten können und endlich wieder glücklich sein.

Wenn Sie sich hier angesprochen fühlen, wünsche ich Ihnen alle Kraft, die Sie brauchen – denn ich weiß, dass Sie es schaffen, weil diese Kraft schon lange in Ihnen schlummert. Sie müssen sie nur wecken.

<u>Sinn suchen, Sinn finden</u>

Sie können Ihr Leben nur dann lieben, wenn Sie auch für sich einen Sinn darin sehen. Was ist Ihr Lebenssinn? Was ist Ihre Bestimmung? Finden Sie es heraus und dann: *Geben Sie Ihrem Leben diesen Sinn!*

Schon immer habe ich diejenigen Menschen bewundert, die genau wussten, was sie wollten, z. B. den Arzt, der sich seit Jahren für die armen Menschen in der Dritten Welt einsetzt, oder den Schriftsteller, der den Menschen seine Botschaft verpackt in unterhaltsamen Romanen übermitteln möchte, oder der Tierfreundin, die heimatlose und verstoßene Tiere in ihrem privaten Tierheim aufnimmt. Es gibt so viele Dinge, die Sinn machen. Und es gibt so viele, die überhaupt keinen Sinn machen. Also, eliminieren Sie zuerst das, was für Sie keinen Sinn ergibt. Und dann machen Sie sich auf die Suche nach Ihrem Lebenszweck. Das kann Jahre dauern, ja Jahrzehnte. Doch Sie werden ihn finden, wenn Sie nur lange genug Ausschau halten und sich selber kennen lernen. Probieren Sie aus, erkundigen Sie sich, machen Sie sich schlau. Es garantiert Ihnen schon die halbe Miete, wenn Sie zumindest feststellen können: „Nein, das ist überhaupt nichts für mich. Das hier will ich nicht.“

Ich möchte Ihnen einige Beispiele geben, denn um den eigenen Sinn des Lebens zu finden, sollte er vor allem auch zum Wohle der Umwelt ausgerichtet sein. Ihr eigener Lebenssinn soll nicht nur Ihnen entgegenkommen, sondern auch vielen anderen Wesen auf dieser Welt:

Sinn Ihres Lebens könnte z. B. sein, anderen Menschen auf Ihre bestmögliche Weise zu helfen; dies können Sie umsetzen als Arzt, als Heilpraktiker, als Architekt, als Clown, als Gärtner, als Motivationstrainer, als Schauspieler,...

Sehen Sie die Zusammenhänge? Als Arzt oder Heilpraktiker helfen Sie den Menschen, gesund zu werden und zu bleiben; als Architekt helfen Sie den Menschen, in einem harmonischen Zuhause zu leben; als Clown helfen Sie den Menschen, das Lachen nicht zu verlieren; als Gärtner helfen Sie den Menschen, die Liebe zur Natur zurück zu gewinnen; als Motivationstrainer helfen Sie den Menschen, Ihr Leben wieder zu lieben; als Schauspieler helfen Sie den Menschen, für eine kurze Zeit in eine andere Welt einzutauchen...

Und natürlich können Sie nicht nur Ihren Mitmenschen hilfreich sein, sondern auch den Tieren, den Pflanzen, der Welt ganz allgemein.

Wenn Sie etwas gerne tun, dann können Sie auch andere mit Ihrem Engagement unterstützen und bereichern.

Fazit: Suchen Sie Ihren Lebenssinn!

<u>Risiken eingehen</u>

Wer nicht wagt, der nicht gewinnt. Denken Sie einmal in aller Ruhe über dieses Sprichwort nach.

Ich möchte Ihnen einige Beispiele geben: Wer nie Lotto spielt, kann auch nicht im Lotto gewinnen. Wer sich nie selbständig macht, wird auch nie die Chance haben, sehr viel Geld zu verdienen und dabei unabhängig zu sein. Wer in seinem Beruf unzufrieden ist und über unzureichende Kenntnisse verfügt, sich aber nie weiterbildet, wird es nie zu mehr bringen. Wer vor etwas Angst hat und sich nie dieser Angst stellt, wird diese Angst nie überwinden. Trauen Sie sich, gehen Sie Risiken ein! Wagen Sie etwas!

Man kann durchaus Risiken abwägen, Risiken klein halten, Chancen nutzen. Sie müssen ja nicht gleich Ihr gesamtes Einkommen für einen Lottoschein ausgeben; Sie müssen sich auch nicht von heute auf morgen ohne finanzielle Sicherheit selbständig machen. Aber Sie könnten beispielsweise heute schon Informationen sammeln über Ihren Traumberuf und morgen nebenbei eine Weiterbildung beginnen. Wenn Sie Höhenangst haben, müssen Sie auch nicht heute mit dem Bungeespringen beginnen, Sie könnten z. B. vorerst auf eine 1 Meter hohe Leiter steigen, nächste Woche vielleicht vom 1-Meter-Brett in der Schwimmhalle springen, nächsten Monat vom 3-Meter-Brett und in einem halben Jahr den Eiffelturm besichtigen. *Wagen Sie es, Schritt für Schritt – und Sie werden automatisch vorwärts kommen.*

<u>Beharrlich sein</u>

Sie möchten etwas verwirklichen, scheitern aber immer wieder? Sie möchten aber nichts so sehr, wie dieses eine Teilziel erreichen? *Seien Sie beharrlich! Versuchen Sie es immer wieder und wieder!* Aber denken Sie gleichzeitig über mögliche Alternativen nach! Es gibt immer einen Weg, wenn man etwas unbedingt will! *Bleiben Sie am Ball!* Glauben Sie mir, wenn Sie nichts auf der Welt so sehr wollen wie z. B. Ihr eigenes Unternehmen gründen, dann werden Sie es auch eines Tages schaffen. Wenn Sie nichts auf der Welt so sehr wünschen, wie einmal eine Kreuzfahrt auf einem Traumschiff zu machen, dann werden Sie diese Reise auch eines Tages verwirklichen. Wenn Sie nichts so sehr wünschen, wie die Veröffentlichung Ihres Buches, dann schreiben Sie an alle Verlage, die auch nur irgendwie in Frage kommen oder nehmen Sie den Druck selber in die Hand. Wenn Sie sich so sehr eine Arbeitsstelle wünschen, dann bewerben Sie sich wieder und wieder. Sie werden es schaffen! Geben Sie nicht auf! Es ist Ihr Wunsch, Ihr Ziel, Ihr Leben – bleiben Sie am Ball! Nehmen Sie sich als Beispiel nur die unzähligen Tüftler und Wissenschaftler, die Jahre lang ergebnislos vor sich hin forschen, um dann die Entdeckung des Jahrhunderts zu machen! Hätten diese Forscher alle irgendwann aufgegeben, wäre unsere Welt garantiert um so einige Entwicklungen ärmer. *Bleiben Sie beharrlich – und Sie werden es schaffen. Garantiert.*

Nie aufgeben

Wenn Sie wirklich beharrlich Ihr Ziel verfolgen, dann werden Sie auch nie aufgeben. Und das ist gut so, denn nichts ist frustrierender, als seine Träume aufzugeben, seine Ziele nie zu verwirklichen. Natürlich, stur seinen eingeschlagenen Weg zu verfolgen kann auch in einer Sackgasse enden. Aber dann verlassen Sie die Sackgasse und gehen Sie einen anderen Weg! *Suchen Sie Alternativen! Suchen Sie Auswege!* Ihr Ziel können Sie auch auf andere Weise erreichen. Denken Sie nach – und dann handeln Sie! *Viele Wege führen nach Rom* – beherzigen Sie diesen Satz und glauben Sie immer daran, dass Sie Rom eines Tages erreichen werden, Sie müssen sich nur auf den Weg machen und dürfen sich nicht in Mailand zur Ruhe setzen, weil Sie ja bereits in Italien sind. Gehen Sie weiter – bis Sie Rom letztendlich erreichen.

Man selbst sein

Seien Sie immer Sie selbst! Tun Sie nie Dinge, die Ihnen widerstreben, die Sie nicht vertreten können! *Bleiben Sie sich selbst treu* – nur so können Sie letztendlich sich selbst verwirklichen. Selbstverständlich müssen Sie manchmal Kompromisse eingehen – doch nur insoweit Sie diese auch wirklich vertreten können!

Ein Beispiel: Sie sind aus tiefster Überzeugung Vegetarier. Bei einem erlesenen Dinner mit viel Prominenz, was eine riesige Chance für Sie bedeutet, wird nun aber nur der beste Hummer, Fleischpastete und ähnliches serviert. Was tun Sie? Sie bleiben sich selbst treu! Weisen Sie die Bedienung darauf hin, dass Sie nur vegetarisch essen, sättigen Sie sich notfalls nur von den Beilagen oder der Dekoration! Aber bleiben Sie sich treu! Ich garantiere Ihnen, die Berühmtheiten an Ihrem Tisch, wenn sie Vegetarier wären, würden genau dasselbe tun. Die sind sich nämlich ihrer selbst sicher. Und das sollten auch Sie sein!

Ein anderes Beispiel: Ihr Chef bittet Sie, doch einmal Ihre Kollegin über das Konkurrenzunternehmen auszuhorchen, da ihr Mann dort in einer wichtigen Position beschäftigt ist. Natürlich aber würde der Ehemann seinen Job riskieren, wenn eine derartige Informationsquelle bekannt würde. Was also tun Sie? Sie sagen Ihrem Chef klipp und klar, was das für Konsequenzen für Ihre Kollegin bzw. ihren Mann haben könnte. Und Sie schlagen ihm bestimmt und selbstbewusst diese Bitte aus. Soll er doch selber fragen! Ich im übrigen würde die Kollegin dezent vorwarnen...

Stehen Sie zu Ihren Grundsätzen, von denen Sie absolut überzeugt sind. Natürlich sollte man seine Prinzipien ab und zu überdenken, schließlich ändert man seine Meinung durchaus manchmal im Laufe eines Lebens. *Was Sie aber so ganz und gar nicht vertreten können, das tun Sie auch nicht – nie!*

<u>In die Offensive gehen</u>

Seien Sie offensiv! *Gehen Sie nach vorne, greifen Sie an.* Angriff ist die beste Verteidigung – im übertragenen Sinne, versteht sich. Sie können Ihr Selbstbewusstsein erheblich steigern, wenn Sie offensiv handeln anstatt defensiv, wenn Sie angreifen anstatt sich zu verteidigen, wenn Sie vorpreschen anstatt sich zurückzuziehen. Zeigen Sie Stärke, zeigen Sie Elan, greifen Sie an!

Ich kann Ihnen hier unzählige Beispiele liefern, möchte Ihnen aber zumindest zwei typische Situationen schildern: Seit Jahren sind Sie beispielsweise in Ihrer Firma tätig, warten schon länger auf eine Gehaltserhöhung, eine Aufstiegschance. Sie warten und warten, hoffen und hoffen; Sie sind absolut defensiv. Nichts passiert – und nichts wird passieren. Sind Sie aber offensiv, nehmen Sie Ihr Schicksal in die Hand und erkundigen sich, wie Sie vorwärts kommen können, nehmen an Fortbildungen teil, übernehmen freiwillig Sonderprojekte, informieren Ihren Chef, dass Sie weiterkommen möchten. Und? Sie werden weiterkommen! Und Sie werden dementsprechend eine Gehaltserhöhung erhalten!

Ein anderes Beispiel, sozusagen „voll aus dem Leben gegriffen": Sie sind völlig entnervt, weil Ihre beste Freundin nun schon fast täglich bei Ihnen klingelt, dann stundenlang bei Ihnen ausharrt, nur weil sie Langeweile hat. Sie mögen Ihre Freundin sehr, aber irgendwann möchten Sie doch auch einmal Ihre Ruhe haben. Stattdessen aber bitten Sie Ihre Freundin immer wieder freundlich herein, manchmal machen Sie auch einfach nicht auf und tun so, als wären Sie nicht da. Sie sind defensiv – und nichts wird sich ändern. Ihre Freundin weiß ja gar nicht, dass Ihnen das einfach zu viel ist. Was ist aber, wenn Sie beim nächsten Besuch mit Ihrer Freundin reden und ihr verständlich machen, dass Sie gerne mit ihr zusammen sind, abends aber auch einmal einfach nur alleine sein möchten? Es wird Ihrer Freundin vielleicht anfangs etwas schwer fallen, Ihre Äußerung nachzuvollziehen, aber dann wird sie darüber nachdenken und es verstehen. Und sie wird nicht mehr jeden Abend vorbeikommen, sondern nur noch, wenn Sie sich ausdrücklich verabredet haben; und dann können Sie das

Zusammensein mit ihr so richtig genießen; und schließlich haben Sie sich dann auch viel mehr zu erzählen. Ja, Sie waren offensiv, haben etwas unternommen.

Sicherlich, die offensive Variante ist die unangenehmere, die schwierigere, aber sie wird Ihnen schließlich und endlich auch Ihr Leben erleichtern! Indem Sie Ihren Vorstellungen nämlich näher und näher kommen! Somit: tun Sie etwas – seien Sie offensiv! Und wenn Sie diese Strategie nicht von heute auf morgen umsetzen können, dann arbeiten Sie daran, machen Sie sich immer wieder bewusst, was es für Sie bedeutet, sich weiterhin zurückzuziehen und was es für großartige, befreiende Auswirkungen haben kann, wenn Sie agieren, wenn Sie sich offensiv geben!

<u>Neues ausprobieren</u>

Stellen Sie sich vor, Sie hätten nur noch eine Woche zu leben. Was würden Sie in dieser Woche alles machen, was Sie schon immer tun wollten? Und warum tun Sie es nicht? Weil Sie noch mehr als eine Woche zu leben haben? Woher wissen Sie das? *Tun Sie es jetzt!* Wann immer es Ihnen möglich ist: Probieren Sie etwas Neues aus! Wie einsam und traurig ist doch ein Leben, das tagein, tagaus immer gleich ist. Bereichern Sie sich, *bereichern Sie Ihr Leben!*

Sie wollten schon immer einmal Spanisch lernen? Dann tun Sie es! Schreiben Sie sich für einen Kursus bei der Volkshochschule ein, kaufen Sie sich ein Selbstlernprogramm, reisen Sie für einen Sprachkurs nach Spanien. Sie wollten schon immer einmal Ihren Segelschein machen? Dann tun Sie es! Aber auch im Kleinen können Sie Neues ausprobieren: Gehen Sie morgens vor dem Frühstück einmal joggen, fahren Sie nach getaner Arbeit nicht wie immer direkt nach Hause, sondern gehen Sie noch bummeln, kaufen Sie Ihrer Partnerin Blumen, besuchen Sie noch einen Freund. Probieren Sie einfach aus; das fängt beim Essen an, geht über Alltagsroutinen, Hobbys, Sport, Freunde. Denn erst, wenn Sie es ausprobiert haben, können Sie sich wirklich eine Meinung darüber bilden. Und dann können Sie immer noch sagen: Das mag ich, das mag ich nicht. Aber probieren Sie es aus! Es gibt so verdammt viel im Leben, dass wir nie wirklich alles kennen lernen können. Doch das, was uns interessiert und uns möglich ist, das sollten wir auf jeden Fall einmal versuchen. Denn das Leben ist viel zu kurz, um immer nur in den gleichen Trott zu verfallen. *Leben Sie, leben Sie jetzt!*

<u>Offen sein</u>

Ich weiß, es ist nicht jedermanns Sache, ein offener Mensch zu sein. Hiermit ist auch nicht gemeint, der nächst besten Person jedes Mal sein Herz auszuschütten. Offen sein bedeutet: *Seien Sie offen für Neues, seien Sie offen für das andere, seien Sie offen für neue Eindrücke, neue Freunde, neue*

Gewohnheiten. Und hiermit sei auch gemeint: Seien Sie Ihren Mitmenschen immer offen gegenüber, seien Sie ehrlich – offen und ehrlich. Denn so, wie Sie sich geben, so werden auch Sie behandelt werden. Und Sie möchten doch sicherlich auch, dass andere zu Ihnen offen und ehrlich sind, oder? Natürlich ist es manchmal auch eher angebracht, zu schweigen... Und selbstverständlich sollten Sie auch keinen Menschen bewusst verletzen. Wenn Sie aber offen, ehrlich und aufrichtig sind, hierbei nett und freundlich – dann wird der andere Ihre Meinung immer wertschätzen und Ihnen für Ihre Ehrlichkeit dankbar sein.

<u>Frechheit siegt</u>

Ich war früher immer ein liebes, braves Mädchen, später eine angenehme Kollegin, eine freundliche Mitarbeiterin. Bis ich irgendwann merkte, dass mich zwar alle lieb hatten, ich aber sehr unzufrieden war, da ich meine Meinung zu oft unterdrückte, meine Wünsche zu selten äußerte. Und dann stellte ich fest, dass ich ja gar nicht jedermanns Darling sein brauchte. Wozu auch? Und ich stellte fest, dass die Personen, die mich wirklich schätzen, mich durchaus auch mögen, wenn nicht sogar ein wenig mehr schätzen, wenn ich nicht ihrer Meinung bin. Natürlich bin ich immer noch eine nette und freundliche Person, aber ich bin eben nicht mehr immer und ewig einfach nur nett...

Auch habe ich festgestellt, dass Frechheit tatsächlich siegt. Nachdem ich damals, als Beispiel, ein halbes Jahr lang meinem Chef mehrere Überstunden in Höhe von mindestens einem ganzen Monatsgehalt geschenkt hatte, bat ich ihn um ein Gespräch. Ich stellte ihn vor die Wahl: entweder bezahlte bzw. abzubummelnde Überstunden oder eben keine Überstunden. Was glauben Sie, ist passiert? Ich bin gekündigt worden? Oh nein, denn wer frech ist, der ist auch selbstbewusst. Und ich war selbstbewusst und wusste ganz genau, was für eine verdammt gute Kraft ich für ihn war. Selbstverständlich hat er exakt von da an jede einzelne Überstunde vergütet oder in Urlaub umgewandelt!

Mein Mann und ich tanzten früher leidenschaftlich gerne Standard und Latein, wollten schon immer Turniere tanzen. Doch wir kamen damals einfach nicht weiter; wir waren im allgemeinen Tanzkreis, warteten vergeblich auf ein Angebot, endlich auch ein weiterführendes Training zu erhalten. Wir nervten unseren Trainer, den ganzen Verein, so eindringlich, so lange und so oft, bis wir dann endlich an der Vorturniergruppe Standard und am Lateintraining teilnehmen durften. Die Lateingruppe wurde damals übrigens gerade neu gegründet...

Sie sehen, wenn man ein bisschen frech ist, kommt man erheblich schneller vorwärts. Äußern Sie Ihre Vorstellungen, Ihre Wünsche, bleiben Sie am Ball, seien Sie ein bisschen frech. Und Ihr Leben wird sich schneller auf Ihr Ziel hin zu bewegen, als Sie jemals dachten.

An sich arbeiten

Arbeiten Sie an sich, lernen Sie täglich, kommen Sie Ihrem Ideal jeden Tag ein Stückchen näher. Und glauben Sie ja nicht, dass Sie mit Ihrer Persönlichkeit jemals ans Ziel all Ihrer Vorstellungen gelangen. Niemand ist perfekt, niemand! Es gibt immer die eine oder andere Sache, die man noch verbessern kann, die man noch ändern möchte. Und es ist nie zu spät! Vergessen Sie Aussagen wie: Das kann ich nicht mehr ändern, das habe ich als Kind schon so gemacht. Ja und? Was hindert Sie daran, es jetzt nicht anders zu machen? Wohl allein Sie selbst! Und vergessen Sie die alte Ausrede: Daran ist die Erziehung schuld. Klar, unsere Erziehung prägt uns in unseren kindlichen Jahren. Aber irgendwann können Sie doch selber denken, selber handeln – oder etwa nicht? Gut, dann sind Sie eben so erzogen worden; doch wenn Sie heute nichts mehr von diesen Gepflogenheiten halten, dann ändern Sie sie!

Ich war früher verdammt schüchtern. Als kleines Mädchen habe ich mich nicht einmal getraut, ans Telefon zu gehen. In der Schule galt ich immer als zurückhaltend. Und ich habe es gehasst! Ich habe meine eigene Schüchternheit so sehr gehasst, dass ich an mir arbeitete, Schritt für Schritt meine Schüchternheit abgebaut habe. Ich habe freiwillig Referate gehalten, nur um mich selber zu zwingen, vor einer großen Gruppe zu reden. Und selbstverständlich habe ich es geschafft - weil ich mich unbedingt ändern wollte. Sicherlich bin ich immer noch eher zurückhaltend denn temperamentvoll, aber das ist nun wieder mein eigener, ganz persönlicher Charakter.

Wann immer Sie etwas an sich verbessern möchten, tun Sie es! Es gibt überhaupt keinen Grund, dies nicht in die Realität umzusetzen. Sicherlich, es ist nicht immer einfach, und es erfordert auch einen eisernen Willen und viel Disziplin. Aber Sie sind es sich wert! Arbeiten Sie an sich – Sie sind es sich selber schuldig!

e) Wie

Hier möchte ich Ihnen die Grundregeln für die Umsetzung Ihrer Vorhaben und für die Erfüllung Ihres Lebens aufführen:

Verantwortung

Handeln Sie stets verantwortungsvoll! Zeigen Sie Verantwortung sich selbst gegenüber, Ihren Mitmenschen gegenüber, der Natur, den Tieren, der Umwelt gegenüber! Sie können die Welt ein klein wenig besser machen, indem Sie nicht wegsehen, indem Sie hinsehen, indem Sie sich kümmern, indem Sie eben

Verantwortung übernehmen. Schieben Sie Ihre Verantwortung nicht beiseite! Stehen Sie zu Ihren Vorhaben, Ihrem Tun und Lassen, Ihrem Leben!

Was glauben Sie, wie viel Respekt ich damals als Angestellte meinem Chef gegenüber hatte, der bei von ihm verschuldeten Fehlern grundsätzlich die Verantwortung auf seine Mitarbeiter abwälzte? Ich hatte soviel Respekt, dass ich kündigte! Und was glauben Sie, wie viele Tiere und Menschen hätten gerettet werden können, wenn die anderen nicht weggesehen hätten, sondern sich gekümmert hätten? Zeigen Sie Verantwortung, zeigen Sie Ihren Mitmenschen, dass es auch anders geht. *Seien Sie ein Vorbild!* Schließlich haben Sie vielleicht die Möglichkeit, anderen zu beweisen, dass es auch anders geht, dass man Verantwortung tragen kann. Auch, wenn es manchmal heißt, Fehler einzugestehen oder sich selber das Leben ein wenig schwerer zu machen. Doch das Leben für Sie und für die anderen gewinnt dadurch erheblich an Wert!

Natürlich sollen Sie keine Verantwortung übernehmen, wenn Sie absolut nicht verantwortlich sind. Wenn so z. B. Ihr Kollege etwas verbockt hat, dann müssen Sie ganz bestimmt nicht die Verantwortung dafür übernehmen! *Nein, aber seien Sie dann verantwortungsvoll, wenn es gerechtfertigt ist, wenn es um Sie geht, wenn Sie helfen können.*

Luxus und Einfachheit

Gönnen Sie sich Luxus und genießen Sie ihn, aber verlernen Sie nie, auch die einfachen Dinge des Lebens zu schätzen! Selbstverständlich definiert jeder den Begriff *Luxus* unterschiedlich. Doch was immer Sie als Luxus ansehen und gleichzeitig als Ihnen zustehend betrachten, *gönnen Sie es sich!* Gönnen Sie sich den antiken Kleiderschrank, wenn Sie sich in ihn verliebt haben; gönnen Sie sich die teure Limousine der Sonderklasse, wenn es für Sie der Inbegriff des Autofahrens ist; gönnen Sie sich das tägliche Wohlfühlbad, wenn Sie diese Entspannung lieben; gönnen Sie sich die neueste Technik, wenn sie Ihr Leben erleichtert! Gönnen sie sich alles, was Sie sich wünschen – selbstverständlich aber bitte auch nur dann, wenn Sie es sich finanziell auch tatsächlich erlauben können...! Luxus bedeutet, dass es sich um etwas handelt, das nicht unbedingt notwendig ist. Und dies gilt nicht nur für den materiellen Bereich. Auch Zeit kann Luxus bedeuten: der freie Tag, den Sie nur für sich reserviert haben; das Wochenende, das Sie nur mit Ihrer Familie ungestört verbringen; der Kaminabend, an dem Sie mit Ihren alten Freunden ein Wiedersehen veranstalten, etc. Wenn Sie es aber doch für Ihr Wohlbefinden als notwendig betrachten, dann gönnen Sie es sich! *Sie leben nur einmal, Sie sind es sich wert!* Noch einmal aber - natürlich sollten Sie sich bitte jedoch nie etwas gönnen, was Sie sich nicht leisten können!

Vergessen Sie aber nie, auch die einfachen Dinge des Lebens zu genießen. Genießen Sie ein frisch gebackenes Brot mit einem guten Wein; genießen Sie den Mondscheinspaziergang mit Ihrem Partner; genießen Sie Ihre Lieblingsmusik bei Kerzenschein; genießen Sie das Lachen Ihrer Kinder; genießen Sie den Duft einer Rose! Lernen Sie, den Augenblick wieder zu genießen. Je bewusster Sie durch Ihr Leben gehen, umso mehr werden Sie diesen Aspekt schätzen lernen. Und Sie werden merken, dass die einfachen Dinge des Lebens oft die schönsten und wertvollsten sind.

Ich bin überzeugt davon, dass diese Kombination von Luxus und Einfachheit uns einen großen Schritt zu unseren Zielen weiterbringt. Versuchen Sie, diese Einstellung in Ihr Leben zu integrieren. Ich garantiere Ihnen, es wird Ihnen erheblich besser gehen! *Also: gönnen Sie sich, was Sie sich wirklich wünschen und schätzen Sie gleichzeitig das Leben an sich.*

<u>Sofort anfangen</u>

Verschiebe nicht auf morgen, was du heute kannst besorgen! Dies gilt nicht nur für wichtige Aufgaben, sondern für all Ihre Vorhaben.

Sie wollen endlich wieder Sport treiben? Dann fangen Sie noch heute damit an! Sie wollen sich endlich gesünder ernähren? Dann denken Sie schon bei Ihrer nächsten Mahlzeit daran! Sie wollen endlich mit dem Rauchen aufhören? Dann hören Sie jetzt und sofort damit auf! Sie wollen sich selbständig machen? Dann fangen Sie sofort an, Ihre Vorbereitungen zu treffen, sich zu erkundigen, alle notwendigen Schritte einzuleiten! Was auch immer Sie schon immer tun oder lassen wollten – tun oder lassen Sie es sofort! Es gibt überhaupt keinen Grund, diese Dinge, die wir uns eigentlich sehnlichst für unser Leben wünschen, immer wieder beiseite zu schieben, nach dem Motto: Das kann ich auch immer noch machen. Sie wollen es doch tun, oder? *Wenn Sie etwas wirklich wollen, dann fangen Sie sofort damit an.* Wenn nicht, dann ist es Ihnen auch nicht wirklich wichtig.

Klar, dass das alles einfacher gesagt als getan ist. Aber das Leben ist nun einmal nicht immer nur einfach. Und wenn Sie sich wirklich selbst verwirklichen wollen, so, wie Sie schon immer sein wollten, dann müssen Sie handeln. Und zwar jetzt. Sofort. Sie müssen nur damit anfangen. Werfen Sie Ihre Bequemlichkeit und Routine-Angewohnheiten beiseite, und zwingen Sie sich, endlich Ihr Leben zu verwirklichen. Jetzt, jetzt ist der Zeitpunkt, nicht morgen, nicht übermorgen, nein, jetzt! *Denn wenn Sie es jetzt nicht tun – dann werden Sie es nie tun.*

„Dafür bin ich zu alt. Das hätte ich vor Jahren machen können. Das schaffe ich jetzt nicht mehr." Haben Sie sich diese Sätze auch schon einmal sagen hören? Ich garantierte Ihnen: *Es ist nie zu spät!* Sie müssen sich nur trauen. Denken Sie immer daran: Wenn Sie etwas wirklich, aus tiefstem Herzen wünschen, dann schaffen Sie es auch! Egal wie alt Sie sind!

Gut, natürlich wäre es utopisch, mit 85 Jahren noch den Weltrekord im Marathonlauf zu schaffen. Wenn diese Disziplin aber Ihr Steckenpferd ist, dann können Sie zumindest in Ihrer Altersklasse Weltmeister werden! Und garantiert ist es nie zu spät, seine beruflichen Ambitionen zu ändern. Nie! Natürlich, je älter man ist und je länger man schon in seinem Beruf tätig ist, umso schwerer fällt es, noch einmal von vorne anzufangen. Aber was für einen Grund gibt es, einen Beruf, den Sie einmal gewählt haben, bis ans bittere Ende auszuüben, nur weil Sie früher einmal diese Entscheidung getroffen haben? Wenn doch aber inzwischen Ihre Interessen sich nun verlagert haben? Es gibt nur einen Grund, nichts zu ändern: Faulheit bzw. Bequemlichkeit. Doch wie viel gewinnen Sie, wenn Sie ein wenig Unbequemlichkeit eingehen und sich nebenbei neu orientieren, um diesen neuen Beruf dann eines Tages auszuüben? *Sie gewinnen Ihr Leben zurück!* Nebenbei, man kann sowohl als Angestellter tätig sein als auch eine Firma gründen, sich selbständig machen.

Ich war früher jahrelang Chefsekretärin, schaffte es schließlich bis zur Vorstandssekretärin und hatte somit das Höchste meiner Ausbildung Entsprechende erreicht. Doch ich musste feststellen, dass mich dieser Beruf so ganz und gar nicht mehr ausfüllte. Wenn ich morgens aufstand, freute ich mich bereits auf den Feierabend oder das Wochenende. Sicher, ich hätte mich zurücklehnen können, mir sagen können: „Du hast eine gute Position, eine sichere Stellung, ein äußerst zufrieden stellendes Einkommen." Doch zu was für einem Preis? Nein, der Preis war mir viel zu hoch. Der Preis für diesen gut bezahlten, sicheren Arbeitsplatz hieß für mich nämlich: *Lebensverschwendung.* Was für ein großes Wort. Wie eindeutig, wie bezeichnend: Lebensverschwendung.

Ich kann Ihnen nur eines raten: *Wann immer Sie etwas in Ihrem Leben als Lebensverschwendung bezeichnen, schaffen Sie es ab!* Das Leben ist viel zu kostbar, um einen Großteil seiner Zeit wegzuwerfen. Natürlich habe ich gekündigt! Und glauben Sie mir, die Zeiten danach waren bestimmt nicht immer einfach, bestimmt nicht immer mit Reichtümern gesegnet. Aber ich hatte mein Leben zurück gewonnen, konnte mich von nun an frei entfalten, konnte mich wirklich auf die Suche nach den Dingen machen, die mir wirklich Spaß machen. Ich hätte auch sagen können: „Jetzt bin ich zu alt, jetzt ist es zu spät, noch einmal etwas Neues anzufangen." Nein, es ist nie zu spät! Und wenn Sie 85

Jahre alt sind und Marathon laufen wollen – dann tun Sie es! Fangen Sie noch heute mit Ihren ersten, vorsichtigen Schritten an!

Was für den Beruf und die Hobbys gilt, sieht natürlich im menschlichen Bereich nicht anders aus. Oder in Ihrem Umfeld, Ihrem Zuhause, Ihrer Umgebung. Es ist nie zu spät für eine Änderung oder Neuerung in Ihrem Leben, NIE!

f) Umgang mit anderen

Gehe immer so mit deinen Mitmenschen um, wie auch du behandelt werden möchtest! Wenn Sie sich diesen Satz immer vor Augen halten, dann kann in Ihrem Zusammenleben mit dem Rest der Welt eigentlich nichts mehr schief gehen.

Achtung vor dem Leben

Das Leben ist kostbar; achten Sie es! Achten Sie Ihr Leben, achten Sie das Leben anderer! *Achte deinen Nächsten wie dich selbst!* Behandeln Sie einfach Ihre Mitmenschen, als wären Sie selber Ihr Gegenüber. Auch der „schlechteste“ Mensch verdient es, geachtet zu werden. Auch der „armseligste“ Mensch verdient es, geachtet zu werden. Zeigen Sie Achtung, und Sie werden diese Achtung in vielfacher Weise zurückerhalten.

Achten Sie Ihre Mitmenschen, die Tiere, die Pflanzen. Jedes Leben verdient es, geachtet, geschätzt und respektiert zu werden. Ihre Familie, Ihre Nachbarn, Ihre Kollegen, Ihre Vorgesetzten, Ihre Mitarbeiter, Ihre Verwandten, alle Ihre Mitmenschen, die Taube auf Ihrem Dach, die Straßenkatzen, der arme Kettenhund, die Enten im Teich, der Igel auf der Straße, die Blumen in Ihrem Garten, das Leben an sich...

Nie auf Kosten anderer

Gehen Sie Ihren Weg, leben Sie Ihr Leben; tun Sie, was Sie tun müssen und was Sie tun wollen. *Aber handeln Sie nie auf Kosten anderer, nie!* Wenn Sie diesen Grundsatz beherzigen, dann können Sie reinen Gewissens alles in die Tat umsetzen, was Sie sich nur wünschen. Bedenken Sie bei jedem Ihrer Schritte, ob Sie auch niemanden verletzen, niemandem Schaden zufügen. Wenn Sie etwas erreichen wollen, jemand anders dafür aber schwer bezahlen muss, unverschuldet versteht sich, dann tun Sie es nicht! Nie! Denn, seien Sie sicher, würden Sie auch nur einmal auf Kosten eines anderen Ihren Vorteil ziehen, es wird sich früher oder später rächen. Und zwar gerechterweise. Unweigerlich, unvermeidbar, definitiv.

<u>Sich kümmern</u>

Kümmern Sie sich um Ihre Mitmenschen! Wenn ein Mensch Ihre Hilfe braucht, dann helfen Sie ihm! Wenn Sie sehen, dass ein Mensch in Gefahr ist, dann handeln Sie! Kaum etwas ist so traurig wie die Ignoranz, die sich in unsere Gesellschaft eingeschlichen hat. Wie furchtbar ist es, wenn in einem Mehrfamilienwohnhaus kleine Kinder zu Tode geprügelt werden oder einfach so verhungern, nur weil die Nachbarn weggesehen haben.

Tragen Sie Ihre Verantwortung Ihren Mitmenschen gegenüber und kümmern Sie sich! Wenn Sie das Gefühl haben, dass etwas nicht stimmen könnte, dann forschen Sie nach! Fragen und schauen Sie lieber einmal zuviel nach als dass Sie das Risiko eingehen, ein Unglück nicht verhindert zu haben, was Sie hätten verhindern können!

Wie bezeichnend sind auch die Situationen, in denen Menschen bei Gewalttaten, z. B. in der Bahn, lieber wegsehen als einzuschreiten. Sie können immer etwas tun! Helfen Sie, retten Sie Leben! Und wenn Sie weitere Mitmenschen mobilisieren, wenn Sie die Notbremse ziehen, wenn Sie die Polizei rufen – tun Sie etwas! Denn Sie wünschen sich doch auch, dass Ihnen beigestanden wird, wenn Sie selber in einer entsprechenden Notlage stecken, oder?!

Und was für Menschen gilt, gilt natürlich ebenso für die Tiere auf unserer Welt. Wie viele Tiere sind inzwischen auf uns Menschen angewiesen – und werden bitter enttäuscht.

Kümmern Sie sich – vor allem um diejenigen, die auf Ihren und unseren Schutz angewiesen sind, die sonst hilflos sind: unsere Kinder, unsere älteren, kranken und behinderten Mitmenschen und unsere Tiere. Sie alle brauchen uns. Schauen Sie nie weg – schauen Sie lieber einmal zu oft hin. Es könnte Leben retten. Und es könnte das nächste Mal Ihr Leben sein.

2. UNTERBEWUSSTSEIN

Mit der wichtigste Aspekt zur Erreichung Ihrer Ziele ist die Einbeziehung Ihres Unterbewusstseins. Ihr Bewusstsein steuert auf direktem Wege Ihre Taten. *Ihr Unterbewusstsein aber kann die mächtigsten Kräfte bewegen, die tatsächlich in Ihnen stecken.*

a) Erklärung

Ich hoffe, Sie stimmen mir zu, dass alles, was Sie unbewusst tun, von Ihrem Unterbewusstsein geleitet wird. Wenn Sie träumen, sendet Ihnen Ihr Unterbewusstsein Ihre Träume. Vielleicht hören Sie manchmal Ihre innere Stimme; diese Stimme wird von Ihrem Unterbewusstsein gesendet. Doch Ihr Unterbewusstsein kann noch viel, viel mehr. Ihr Unterbewusstsein birgt ein enormes Potential, das Sie noch erheblich mehr nutzen können als bisher. Ihr Unterbewusstsein hat einen erheblichen Einfluss auf Ihr Leben! Und Sie können Ihr Unterbewusstsein beeinflussen, Sie können es sogar „programmieren"! *Alles, was Sie Ihrem Unterbewusstsein intensiv eingeben, wird sich einmal in die Realität umsetzen! Mit Ihren Gedanken konditionieren Sie Ihr Unterbewusstsein.* Schließlich können Sie über Ihre Gedanken mittels Ihres Unterbewusstseins Ihr Leben beeinflussen, Ihr Leben verändern! Haben Sie sich bereits mit diesem Thema beschäftigt, werden Sie mir zustimmen. Ist dieses Thema neu für Sie, dürfen Sie gerne Ihre Stirn runzeln. Doch vertrauen Sie mir; hier liegt ein erhebliches Potenzial – Ihr Potenzial – Ihr Weg zum Ziel, Ihr Weg zum Glück. *Mit Ihren Gedanken steuern Sie Ihre Zukunft!*

Sie möchten ein Beispiel? Ich könnte Ihnen unzählige liefern; ganze Bücher wurden hierüber geschrieben. Mit Sicherheit ist es Ihnen auch schon einmal so ergangen, dass Sie intensiv immer wieder an ein bestimmtes Thema gedacht haben – und wie durch Zauber sehen Sie tagein, tagaus nun wieder und wieder genau diese eine Sache. Sie mögen sich z. B. sehnlichst ein Kind wünschen, es scheint aber irgendwie nicht zu klappen. Ihre Gedanken kreisen nur noch um diesen Kinderwunsch. Ist es nicht merkwürdig, dass auf einmal alle Frauen auf der Welt einen Kinderwagen vor sich her zu schieben scheinen, nur Sie nicht? Oder Sie sind verdammt unglücklich verliebt oder haben sich gerade mit Ihrem Partner gestritten oder sich sogar von ihm getrennt; Sie knabbern arg an dieser Geschichte, Sie können an nichts anderes mehr denken. Ist es nicht merkwürdig, dass plötzlich die ganze Welt nur noch aus glücklichen Liebespärchen besteht, anscheinend nur Sie keinen Partner, keine glückliche Beziehung haben? Sie möchten noch ein Beispiel? Gut – Sie beschäftigen sich intensiv mit einem ganz bestimmten Themengebiet, möchten noch viel mehr darüber erfahren. Ist es nicht merkwürdig, dass wie aus heiterem Himmel plötzlich im Laden genau das richtige Buch über dieses Thema vor Ihnen liegt oder wie ein wunderbarer Zufall exakt hierüber in nächster Nähe ein Vortrag gehalten wird?

Geben Sie zu, das ist Ihnen auch schon passiert! Und nein, das ist alles überhaupt nicht merkwürdig und auch überhaupt kein Zufall. Ihr Unterbewusstsein hat Sie geleitet! Wenn Sie sich sehnlichst ein Kind wünschen und todunglücklich sind, dass Sie immer noch kinderlos sind, dann hämmern Sie automatisch Ihrem Unterbewusstsein ein, wie ungerecht die Welt doch sei, dass jede Frau Kinder kriegen kann, nur Sie nicht. Und genau das passiert: Sie sehen nur noch Frauen mit Kindern, so wie Sie es Ihrem Unterbewusstsein eingegeben haben. Anders herum, wenn Sie über ein bestimmtes Thema mehr wissen möchten, zeigen Sie Ihrem Unterbewusstsein diesen Wunsch immer wieder. Und Ihr Unterbewusstsein wird Sie automatisch zu der nötigen Informationsquelle führen.

Hieraus können wir schließen, dass, wenn wir unserem Unterbewusstsein negative Formeln eingeben, sich diese Negativität auch umsetzen wird; wenn wir unserem Unterbewusstsein aber nur positive Impulse geben, ereignen sich exakt nur diese positiven Eingebungen. Und wenn dieses im Kleinen, im Alltäglichen funktioniert, dann muss es doch auch im Großen möglich sein. Ja, und das ist es auch. Nur bedarf es dazu natürlich viel mehr Energie, viel mehr intensive Arbeit mit unserem Unterbewusstsein.

Beginnen Sie nun vorerst, Ihre Gedanken nur noch in die positive Richtung zu lenken. Denn wenn Sie nur positiv denken, werden sich auch vorwiegend nur positive Ereignisse in Ihrem Leben auftun. Üben Sie an sich! Denken Sie nur noch positiv! Wann immer ein negativer Gedanke sich bei Ihnen breit macht, wischen Sie ihn sofort weg! Es ist harte Arbeit, dies in der Praxis umzusetzen. Aber es lohnt sich, es ist diese Arbeit mehr als wert! Wenn sich Gedanken bei Ihnen breit machen wie: „Das schaffe ich doch eh nicht." Dann werfen Sie diese Sätze sofort beiseite und sagen Sie sich selber: „Der und der hat das auch geschafft; das wäre doch gelacht, wenn mir das nicht auch möglich wäre!" Üben Sie sich in positiven Formulierungen! Wenn Ihnen die Schulden bis zum Hals stecken, dann sagen Sie sich nicht: „Es wird jeden Tag schlimmer, alles scheint verloren." Nein! Sagen Sie sich: „Auch das schaffe ich! Ich vertraue in das Gute, und ich weiß, dass sich die Lösung bald zeigen wird! Alles wird sich zum Besten wenden!" Arbeiten Sie an sich! Sie werden den Erfolg bald spüren!

Ich möchte Ihnen ein einfaches Beispiel aus meinem eigenen Leben geben: Vor vielen Jahren wünschte ich mir sehnlichst, bei einer bestimmten Firma, bei der ich mich vorgestellt hatte, anzufangen. Die Mitarbeiter schienen nett, die Branche interessierte mich, die Position damals war wie auf mich zugeschnitten, und das Gehalt war auch mehr als hervorragend. Also sagte ich mir nach diesem Vorstellungsgespräch wieder und wieder den Namen dieses

Unternehmens, wieder und wieder, und stellte mir gleichzeitig vor, wie ich bereits dort tätig wäre. Was geschah? Ich bekam eine Absage. Doch ich hatte mir den Namen der Firma so eingehämmert, dass ich ihn still immer noch wiederholte, praktisch ohne es zu merken, und das auch noch nach der Absage. Dieser Name steckte einfach in mir drin. Und ich konnte mir einfach nicht vorstellen, dass ich dort nicht anfangen sollte. Zwei Tage nach der Absage rief mich der Chef der Firma wieder an und fragte mich, ob ich noch Interesse hätte. Seine erste Wahl, diese Dame verfügte über Branchenkenntnisse, die mir damals fehlten, hatte ihm doch kurzfristig abgesagt. Ich bekam den Job und war dort mehrere Jahre äußerst zufrieden und erfolgreich tätig!

Probieren Sie es aus! Konditionieren Sie Ihr Unterbewusstsein! Und die Erfolge werden sich einstellen! Aber eines sollten Sie bedenken: Wenn Sie sich immer wieder sagen: „Ich bin reich, ich bin reich, ich bin reich" – und gleichzeitig Gedanken hegen wie: „Schon wieder eine Rechnung, die ich nicht bezahlen kann" – dann wird sich auch kein Erfolg einstellen! Ihre negativen Impulse heben Ihre positiven Affirmationen automatisch auf oder wandeln sie gar ins Umgekehrte um. Kontrollieren Sie alle Ihre Gedanken! *Alle!* Und dies ist der schwierige Part der Übung. Ja, es ist schwer, sich einzureden, dass alles großartig ist und nur noch besser werden kann, wenn einem einfach nur noch zum Heulen zumute ist. Doch niemand hat gesagt, dass das Leben einfach sei. Und vor allem wissen Sie, dass Sie an sich arbeiten müssen. Fangen Sie genau hier, an dieser Stelle, damit an! Denken Sie nur noch positiv! Ich versichere Ihnen, der Erfolg wird sich einstellen!

b) Hilfen

Wir können unser Unterbewusstsein zum einen über sprachliche Informationen und zum anderen über bildliche Darstellungen konditionieren. Wichtig ist lediglich die permanente Wiederholung und ein *Ausschließen von Widersprüchen.* Suchen Sie sich die Methoden aus, die Ihnen am ehesten zusagen. Selbstverständlich zeigt eine Kombination der Möglichkeiten die prägnanteste Wirkung.

Affirmationen

Affirmation heißt Bestätigung. Nehmen Sie Ihr höchstes Ziel und wählen Sie eine Affirmation, die kurz und prägnant ist, und die Ihrer Person am ehesten entspricht. Diese eine Affirmation wiederholen Sie im Stillen wieder und wieder und wieder. Beispiele für Affirmationen:

Ich bin reich.
Geld ist im Überfluss vorhanden.

Ich habe einen schönen Körper.
Ich liebe mich.
Millionär sein.
Ich bin die Beste meiner Klasse.
Ich weiß, dass die Lösung auf mich zukommt.
Ich vertraue.
Dies ist mein Heimspiel.
Ich schaffe es.
Ich bin kerngesund und topfit.
Reich und gesund.
Ich vertraue auf das Gute.
Glück ist mir zuteil.
Ich bin auf dem Weg nach oben.
Alles und jeder bereichert mich jetzt, und ich bereichere jeden und alles.
Alles und jeder bringt mir jetzt Reichtum und Glück.
Mein Erfolg ist groß, mächtig und unwiderstehlich und tritt jetzt in Erscheinung.
Es fangen gute Dinge an, sich zu ereignen.
Wunder folgt jetzt auf Wunder.

Meine Umgebung strahlt vor blendender Schönheit, blendendem Reichtum und blendendem Guten.

Bedenken Sie, dass Ihre Zielgedanken immer positiv ausgerichtet sein müssen! Also sagen Sie sich nicht „Ich bin nicht mehr krank" sondern „Ich bin topfit und gesund".

Gleichzeitig können Sie sich Ihren Wahlspruch an einen Ort hängen, auf dem Sie sich mehrmals täglich aufhalten, so dass Ihnen Ihre Worte immer wieder vor Augen geführt werden.

Weitere Affirmationsbeispiele finden Sie im Anhang.

<u>Sprüche und Weisheiten</u>

Um sich stets positiv zu beeinflussen, können Sie auch Sprüche, d. h. Lebensweisheiten, die Ihnen zusagen, an einem Ort Ihrer Wahl aufhängen. So werden Sie bei Gelegenheit immer wieder daran erinnert, was Ihnen eigentlich am Herzen liegt.

Beispiele für Sprüche:

Ist das Leben nicht schön?
Jeder Augenblick zählt!

Ich liebe das Leben!
Wunder gibt es immer wieder!
Alles ist möglich!
Ich kann alles schaffen, was ich nur wirklich will!
Das Leben ist kostbar!
Danke, dass es mir so gut geht!
Wer Liebe sät, wird auch Liebe ernten.
Dies ist mein Leben!
Die Kraft meiner Gedanken lässt mich Wunder vollbringen.
Es ist nie zu spät!
Nichts ist unmöglich!

<u>Danksagungen</u>

Auch Danksagungen an die Höhere Macht, Ihren Engel, etc. können Sie natürlich verwenden.

Beispiele für Danksagungen:

Ich danke dafür, dass ich täglich in jeder Weise reicher und reicher werde.
Ich danke für ständige und zunehmende Gesundheit, Jugend und Schönheit.
Ich erwarte heute reichliche Versorgung und danke dafür.
Ich danke für die sofortige und vollständige Bezahlung.
Mit Lob und Dank bringe ich die Reichtümer des Allerhöchsten vor mich.
Ganz besonders erwarte ich heute reichliche Versorgung und danke dafür!
Ich danke dafür, dass jetzt mein Erfolg unwiderstehlich in Erscheinung tritt!
Danke für dieses wundervolle Leben.

<u>Bilder</u>

Wenn Sie einmal ein wunderschönes Haus besitzen wollen, dann suchen Sie in Zeitschriften, Katalogen, etc. nach der Immobilie, die Ihren Vorstellungen entspricht, schneiden Sie das Bild aus und präsentieren Sie es sich in einem schönen Bilderrahmen.

Wenn Sie einmal unter Palmen leben möchten, schneiden Sie sich eine tropische Strandidylle aus und rahmen Sie diese ein.

Wenn Sie viele Kinder haben möchten, sammeln Sie kleine Babyfotos und umranden Sie ein Foto von Ihnen selbst mit diesen Kleinen.

Wenn Sie eine Weltreise machen möchten, stellen Sie eine Weltkugel neben Ihr Bett.

Am effektivsten ist diese Methode, wenn Sie Fotos von sich selber in Ihr Bild integrieren. Seien Sie kreativ, wenn es Ihnen Spaß macht! Natürlich können Sie auch eine wunderschöne Collage erstellen, die alle Ihre großen und kleinen Ziele bildhaft darstellt!

Dieses Bild, das Ihnen immer wieder Ihren Lebenstraum aufzeigt, sehen Sie sich so oft wie möglich an. Sehen Sie sich selber in diesem Bild. Stellen Sie sich vor, all dies wäre schon Realität. Stellen Sie es sich wirklich vor! So oft wie möglich! Und dieses Bild wird sich in Ihrem Unterbewusstsein festsetzen, Ihr Unterbewusstsein wird alles daran setzen, dieses Bild in die Realität umzusetzen! Probieren Sie es aus – es funktioniert!

Und wenn Sie Angst vor unangenehmen Nachfragen Ihrer Bekannten haben, dann hängen Sie Ihren Schatz halt nicht unbedingt im Wohnzimmer auf! Ich persönlich halte das Schlafzimmer für einen sehr geeigneten Ort. Erstens schneit da nicht jeder gleich ungebeten herein, und zweitens hat es sich als wunderbare Routine ergeben, abends vor dem Schlafengehen mein Lebensbild mit in meine Träume zu integrieren und morgens als erstes mit dieser Collage als Inspiration aufzuwachen. Und sollten Sie doch einmal nach Sinn und Zweck Ihrer Kreativität gefragt werden, dann antworten Sie entweder mit der Wahrheit oder präsentieren es ganz einfach als eine nette Collage, die nichts weiter bedeutet.

<u>Motivationsbuch</u>

Vor allem, wenn Ihnen diese öffentliche Darstellung eines aufgehängten Bildes nicht unbedingt behagt, möchte ich Ihnen die Möglichkeit eines Motivationsbuches empfehlen. Sie bewappnen sich mit einem für Sie kostbaren Buch mit leeren Seiten und kleben hier all Ihre Träume und Ziele ein, wie oben in Form der Bilder beschrieben. Dieses Buch können Sie dann auch an einem geheimen Ort verstecken, zu dem sonst niemand Zugang hat. Wichtig bei dieser Methode ist allerdings, dass Sie sich so oft wie möglich an Ihre Kostbarkeit erinnern und wann immer möglich Ihren Schatz zur Hand nehmen und Ihre Träume bildlich vor Ihnen betrachten.

3. HÖHERE MACHT

Ich bin felsenfest davon überzeugt, dass es in unserem Leben eine Art höhere Macht gibt. Sicherlich, hierüber könnte man lange und ausgiebig diskutieren, verschiedene Meinungen austauschen. Aber ich bin sicher, dass etwas da ist, etwas, das uns beschützt, etwas, das uns die richtige Richtung weist, etwas, das uns warnt, etwas, das uns Zeichen schenkt.

Sie hatten bestimmt auch schon einmal eine Art Schutzengel, der Sie vor einer kleinen oder großen Katastrophe gerettet hat?! Eben dieses meine ich mit höherer Macht. Wie Sie diese Macht nennen, welchen Glauben Sie haben, spielt hier keine Rolle. Wichtig ist nur, dass Sie dieses höhere Etwas erkennen und für sich als etwas sehr Wertvolles annehmen. Worte, Bezeichnungen, Titel, Namen für diesen persönlichen Begleiter gibt es unzählige:

Gott, Buddha, Jesus, Allah, höhere Macht, Engel, größte Kraft, Leitbild, persönlicher Begleiter, Prophet, Schöpfer, der Allmächtige, das ewige Licht,...

a) Zufall

Das kann doch kein Zufall sein?! Richtig! Ich bin überzeugt davon, dass das, was wir als Zufall bezeichnen, kein Zufall ist! Zufall bedeutet in unserem Sprachgebrauch, dass sich etwas plötzlich und unerwartet ereignet, mit dem wir eigentlich nicht gerechnet haben, das aber dennoch genau hier und jetzt in unser Leben passt.

„Zufällig habe ich gestern meinen besten Freund getroffen." Nein! Sie sollten Ihren besten Freund treffen! „Zufällig las ich dann diesen Namen, der mir seit Tagen nicht mehr einfiel." Nein! Ihr Unterbewusstsein hat Sie zu diesem Namen geführt! „Zufällig haben wir von diesem wunderschönen Haus gehört, das zum Verkauf steht." Nein! Sie sollten dieses Haus unbedingt kennenlernen! „Es war reiner Zufall, dass ich gestern den anderen Weg nach Hause ging und das Plakat dort entdeckte." Nein! Sie sollten dieses Plakat sehen!

Verstehen Sie?! *Es gibt keinen Zufall!* Sie wurden geleitet, von eben Ihrer höheren Macht, oder wie immer Sie es bezeichnen wollen. *Es sollte so sein!* Wann immer Sie sich sagen hören „zufällig, es war Zufall, der Zufall kam mir zu Hilfe,..." dann halten Sie inne und machen sich bewusst, dass Sie hierhin geführt wurden, Sie sich etwas bewusst machen sollen, ein Wink des Schicksals wurde Ihnen gesandt, es sollte so sein! Der so genannte Zufall will Sie auf Ihrem Weg begleiten, will Ihnen etwas mitteilen, Sie auf etwas stoßen! Werden Sie aufmerksam! Und seien Sie dankbar, wann immer dieser Zufall, der gar keiner ist, Ihnen widerfährt!

b) Schicksal

„Das war Schicksal, das sollte so sein." Richtig – es sollte so sein! Falsch ist jedoch, dass wir das, was wir als Schicksal bezeichnen, als etwas Endgültiges betrachten. „Das ist mein Schicksal" – streichen Sie diesen Satz aus Ihrem Leben! Gut, etwas Bestimmtes hat sich in Ihrem Leben ereignet, ein Schicksal eben. Aber das heißt noch lange nicht, dass Sie nun auf immer und ewig in dieser Situation verharren müssen! Ein Schicksal widerfährt Ihnen, damit Sie dazulernen können! *Versuchen Sie immer, Ihr so genanntes Schicksal als etwas Positives zu betrachten, als etwas, das Sie eine andere Richtung einschlagen lässt, als etwas, das Sie zwingt, Ihr Leben zu überdenken!* Ein so genanntes Schicksal ist immer nur für den jeweiligen Moment gültig, es ist nie endgültig, nie für ewig! Denken Sie immer daran! Selbst ein harter Schicksalsschlag kennzeichnet eine bestimmte Situation in Ihrem Leben, zu einer ganz bestimmten Zeit. Er ereignete sich zu einem ganz bestimmten Zeitpunkt. Aber er wird sich nicht durch den Rest Ihres Lebens ziehen! Es liegt allein in Ihren Händen, diesen Schicksalsschlag der Vergangenheit zuzuschreiben, Ihre Lehren daraus zu ziehen und das beste daraus mit in die Zukunft zu nehmen!

c) Zeichen erkennen

Achten Sie auf die Zeichen, die Ihnen Ihre höhere Macht sendet! *Der so genannte Zufall ist immer ein markantes Zeichen! Der gravierende Schicksalsschlag ist oft ein Wink mit dem Zaunpfahl.* Aber versuchen Sie auch, auf die kleinen Zeichen zu achten, die man doch im Alltag allzu gerne übersieht.

Je bewusster und aufmerksamer Sie durchs Leben gehen, um so eher erkennen Sie auch die Hinweise, die Ihnen gesandt werden. Achten Sie auf diese Zeichen! Versuchen Sie, was Ihnen komisch, auffällig, ja unerklärlich erscheint, zu deuten!

Da ich persönlich sehr bewusst durchs Leben gehe, könnte ich Ihnen unzählige Beispiele liefern. Ich möchte Ihnen hier zumindest die für mich prägnantesten schildern:

Vor mehreren Jahren flog ich mit meinem Mann, damals waren wir noch nicht verheiratet, in den Urlaub. Sowohl auf dem Hin- als auch auf dem Rückflug hatten wir exakt dieselben Sitzplätze mit den Nummern 30E und 30G. Natürlich fiel uns dies auf. Und wir fragten uns immer wieder, was uns das sagen solle: „30EG"? Da wir damals Ende 20 waren, deuteten wir die Zahl 30 schnell als

Hinweis dafür, dass sich etwas Entscheidendes ereignen würde, wenn wir beide 30 Jahre alt seien (wir sind der gleiche Jahrgang). Und „EG"? Das gab uns Rätsel auf. Ich kam auf die „Europäische Gemeinschaft", und wir überlegten, ob wir vielleicht mit 30 irgendwo anders als in Deutschland in der EG leben würden. Doch diese Antwort stellte uns irgendwie nicht so ganz zufrieden. Also dachten wir weiter nach, wofür „EG" stehen könnte. Und so kamen wir auf „Eheliche Gemeinschaft". Diese Antwort stellte uns zufrieden: mit 30 die eheliche Gemeinschaft. Was glauben Sie, wann wir geheiratet haben? Richtig, als wir beide 30 Jahre alt waren! Und dies nicht, weil wir das Orakel erfüllen wollten, sondern weil es einfach der richtige Zeitpunkt war! Uns wurde schon damals ein Teil unserer Zukunft verraten!

Als ich das erste Mal in meinem Leben deutlich lernen musste, dass das Leben von uns allen nicht ewig dauert, als damals plötzlich und unerwartet unser jüngster Kater mit nur sieben Jahren starb, litten sowohl mein Mann und ich als auch unsere beiden großen Katzen sehr an diesem Verlust. Nach einiger Zeit aber überlegten wir, ob es für die älteren Katzen nicht doch spannender wäre, wenn wieder ein kleiner Frechdachs zur Familie gehörte. Wir schauten uns im Tierheim um, überlegten uns schon Namen. Wir dachten, wenn wir wieder einen kleinen Kater aufnehmen würden, wäre „Tarzan" ein schöner Name. Wir konnten aber keine kleine Katze ausfindig machen, die sich in unsere Familie integrieren würde. Schließlich beschlossen wir, dass es für die zwei Großen vielleicht doch besser wäre, erst einmal die Ruhe zu genießen, die sie nun hatten. Wir vergaßen erst einmal unsere Gedanken an eine weitere Katze. Irgendwann wurden wir dann von Freunden nach Hause eingeladen. Und deren Katze hatte doch tatsächlich gerade Junge bekommen. Zwei von den Kleinen waren noch nicht vermittelt, eine Katze und ein Kater. Und jetzt dürfen Sie dreimal raten wie der kleine Kater hieß? Tarzan hieß er! Und dann dürfen Sie noch einmal raten, was wir spontan beschlossen hatten? Genau, wir adoptierten den Kleinen! Und wissen Sie, was ein kleiner, kaum acht Wochen alter Kater macht, wenn er von seiner Mutter weggenommen und in eine für ihn völlig fremde Umgebung mit völlig fremden Menschen und völlig fremden großen Katzen gesteckt wird? Er versteckt sich erstmal. Dies wäre zumindest die normale Reaktion gewesen. Doch was tat unser kleiner Tarzan? Er fühlte sich sofort wie zu Hause, er verkroch sich nicht eine Sekunde lang. Sogar als die Großen ihn angewidert anfauchten, stolzierte er siegessicher durch sein neues Heim. Ich glaube, mehr brauche ich Ihnen nicht zu schildern... Nur der Form halber, unser „Tarzan" heißt heute Sandy, weil Tarzan doch dem Namen Satan zu ähnlich war, wie unser schwarzer damaliger Kater hieß.

Also – achten Sie auf die Zeichen, wenn Sie Ihnen geschickt werden! Sie könnten Ihr Leben auf wundersame Weise bereichern, wenn Sie sie nur richtig zu deuten wissen!

d) Alles hat einen Sinn

Was Ihnen auch im Leben widerfährt – es hat seinen Sinn! Vielleicht können Sie ihn nicht immer sofort erkennen, manchmal mag es sogar Jahre dauern, bis Ihnen die Erklärung gegeben wird, aber einen Sinn, den gibt es immer! Denken Sie daran, wenn Ihnen etwas widerfährt, was Ihnen in dem Moment so überhaupt nicht gefällt!

Vielleicht möchten Sie spontan unbedingt nach Spanien reisen. Aber sämtliche Ihnen zusagenden Angebote sind bereits ausgebucht. Es ist nichts zu machen. Denken Sie nach – vielleicht sollen Sie gar nicht schon wieder nach Spanien sondern endlich Ihren lang gehegten Wunsch einer Radwanderung durch ganz Europa wahr machen?

Sie wünschen sich vielleicht sehnlichst einen Lebenspartner. Aber es scheint einfach nicht der passende Mensch in Ihr Leben einzutreten. Vielleicht ist noch gar nicht der richtige Zeitpunkt für eine neue Beziehung? Vielleicht sollen Sie erst einmal sich selber besser kennen lernen, feststellen, wie schön es sein kann, für sich alleine zu sein? Vielleicht sollen Sie erst lernen, sich selbst zu lieben, bevor Sie von jemand anders geliebt werden können?

Was auch passiert – suchen Sie für sich den Sinn in dem jeweiligen Ereignis! Und bedenken Sie stets: *Alles hat seinen Sinn!*

Noch ein Beispiel, mich selber betreffend: Ich hatte vor Jahren endlich mein damaliges Berufsziel erreicht und war Vorstandssekretärin in einem großen Unternehmen! Ich trug schicke Kostüme, lernte wichtige Leute kennen, erhielt ein sehr gutes Gehalt. Und dann verließ nach nur einem Jahr doch tatsächlich mein damaliger Chef das Unternehmen, seine Position wurde nicht neu besetzt. Von da an behielt ich zwar mein schönes Gehalt, machte aber nur noch Vertretungs- und Lückenfüllerarbeiten. Und ich begann, mich zu fragen, ob ich denn überhaupt so weiterarbeiten wolle, ob ich mir einen neuen Job suchen solle, ob dieses angestellte Büroleben überhaupt etwas für mich auch in Zukunft wäre. Außer einem guten Gehalt hatte der Job jedenfalls von da an absolut nichts mehr, was mich fesselte. Irgendetwas musste ich unternehmen. Ich habe lange abgewägt, lange nachgedacht. Schließlich musste ich mir eindeutig eingestehen, dass ich in einer derartigen Tätigkeit für mich überhaupt keinen Sinn mehr sah. Ich wollte mein Geld mit etwas verdienen, das mir Spaß macht, was ich voll und ganz vertrete, wo ich die Zeit vergesse, weil ich liebe, was ich tue. Nur leider wusste ich damals nicht, wie diese Tätigkeit aussehen sollte. Das einzige, was ich wusste, war, dass ich die Erfüllung als Sekretärin für wen auch immer in was für einer Firma auch immer nie und nimmer finden würde. Und ich wagte den Sprung ins, na sagen wir lauwarme Wasser. Ich kündigte. Ich verzichtete auf mein gutes, geregeltes, gesichertes Einkommen. Sicherlich, ich hatte Reserven, und ich hatte einen Mann, der auch für das nötige Kleingeld sorgte. Ich beschloss, vorerst zu mir selber zu finden und mir Zeit zu lassen, um ohne Zwang irgendwann herauszufinden, was meine wirkliche Berufung sein könnte. Mit diesem Buch unter anderem erkennen Sie, wie richtig meine damalige Entscheidung war.

Was auch immer geschieht – es hat seinen Sinn! Und wenn etwas nicht klappt, dann soll es vielleicht auch gar nicht sein! Denken Sie immer daran, wenn Ereignisse in Ihrem Leben Sie aus der Bahn zu werfen drohen – denn vielleicht werden Sie ja viel glücklicher, wenn Sie einen ganz anderen Weg als bisher geplant einschlagen?!

e) Karten

Eine weitere Methode, mit der Ihr Unterbewusstsein mit Ihnen sprechen kann, ist mittels Karten, Tarot-Karten beispielsweise. Sicherlich hat nicht jeder Mensch Bezug zu diesem Hilfsmittel, ich möchte es dennoch hier kurz erwähnen.

Wann immer ich nicht weiß, welche Entscheidung ich treffen soll, ziehe ich meine Tarot-Karten zu Rate. Die Karten geben mir Hilfestellung; sie sind eine Unterstützung für meine Entscheidungsfindung. Ganz wichtig ist mir hier, dass Sie mit den Karten nicht in Ihre Zukunft schauen sollen, sondern dass Sie sie lediglich als Hilfsmittel betrachten. Wenn Sie Freude an dieser Beschäftigung haben, dann legen Sie sich einen Set Karten zu. Es gibt viele verschiedene Kartensets; wählen Sie dasjenige aus, das Sie am meisten anspricht. Und dann lernen Sie nach und nach die einzelnen Karten für sich kennen. Gehen Sie spielerisch mit den Karten um, probieren Sie aus, ziehen Sie z. B. täglich eine Tageskarte. Wenn Sie die Karten dann nach einer gewissen Zeit kennen gelernt haben, können Sie beginnen, sie um Hilfe bei der Beantwortung Ihrer Fragen zu bitten. Wichtig ist mir noch, dass Sie nie Ihre Wunschvorstellungen in die jeweilige Legung hinein interpretieren! Denn dann würden Sie sich lediglich selber belügen! *Nehmen Sie die Karten ernst, aber dennoch nicht zu ernst.* Auch bin ich deshalb ein Freund der Tarot-Karten, da sie nie klar definierbare Ereignisse voraussagen können, so dass eventuell eine Panik oder Angst vor der Zukunft aus einer Legung resultieren könnte. Die Karten geben lediglich Hinweise, Tipps, zeigen Richtungen an. Sie sollten sich mittels unterschiedlicher Bücher über die Deutung der Karten informieren. Denn eine Karte zeigt niemals absolute Gegebenheiten an, sondern lässt sich stets auf verschiedene Weise deuten. Nutzen Sie die Karten als *spielerisches Hilfsmittel* für Ihr Leben, und Sie werden Ihre Freude und Ihren Nutzen aus dieser Beschäftigung ziehen.

4. AUSSSEHEN

a) Sich selbst lieben

Nur wenn Sie sich selbst lieben, können Sie auch von anderen geliebt werden! *Stehen Sie zu sich, akzeptieren Sie sich so, wie Sie sind.* Und wenn Sie mit Ihrem Aussehen unzufrieden sind, dann ändern Sie das, was Sie ändern können. Sie können abnehmen, Sie können Sport treiben, als Frau können Sie sich schminken, Sie können einen anderen Kleidungsstil wählen. Es ist soviel möglich – trauen Sie sich, und ändern Sie, was Sie ändern wollen!

Doch fangen Sie zu allererst an, sich so zu akzeptieren, wie Sie sind. Vor allem die nicht zu ändernden Teile von Ihnen sollten Sie so akzeptieren, wie Sie nun einmal sind. Denn auch sie sind ein Teil von Ihnen, ohne sie wären Sie nicht Sie! Wenn Sie nur 1,60 cm groß sind, dann akzeptieren Sie dies und suchen Sie die Vorteile Ihrer Körpergröße! Wenn Sie dagegen als Frau 1,80 cm groß sind, dann akzeptieren Sie auch dieses und suchen Sie die Vorteile! Als Frau mit 1,80 cm haben Sie z. B. die Möglichkeit, als Model zu arbeiten! Als Frau mit 1,60 cm Körpergröße haben Sie den Vorteil, dass wohl jeder Mann größer ist als Sie, dass Sie z.B. immer Schuhe mit hohen Absätzen tragen können! Nehmen Sie die Gegebenheiten, wie Sie sind! *Lernen Sie, sich selbst zu lieben!* Es hat seinen Sinn, dass Sie so auf die Welt gekommen sind, mit all Ihren Vorzügen, mit all Ihren kleinen Fehlern. Denn niemand ist vollkommen – niemand! Und davon abgesehen wäre es doch auch todlangweilig, wenn wir alle vollkommene Schönheiten wären, oder?

Ich persönlich halte die *Schönheitschirurgie* für eine gefährliche Möglichkeit, sich auf einfache Weise selbst zu betrügen. In extremen Ausnahmefällen, wie nach einem schweren Unfall oder wirklich stark auffälligen körperlichen Beschaffenheiten ist der Weg zum Chirurg sicherlich notwendig und auch zu empfehlen. Doch in allen anderen Fällen sollten Sie erst einmal tief in sich gehen, ob dieser Weg wirklich notwendig wäre. Sie haben nicht gerade die Stupsnase, die Sie eigentlich gerne hätten? Dann haben Sie sie eben nicht! Sie verlieren als Mann schon in recht frühen Jahren Ihr Haarkleid? Super – Männer mit Glatze gelten heute als äußerst sexy! Sie haben zu viel Fett auf Ihren Rippen und denken an eine Absaugung? Wie faul und bequem können Sie nur sein? Wie wäre es denn einfach einmal mit einer gesunden Ernährung und viel Sport? Sicher, das ist langwieriger und auch unbequemer – aber was meinen Sie, wie stolz Sie nachher auf sich sein können?!

Fazit: Akzeptieren Sie, was Sie eh nicht ändern können, und ändern Sie, was Sie wirklich stört! Sie können es schaffen, wenn Sie es nur wirklich wollen und Ihre Vorhaben endlich in die Tat umsetzen!

b) Mittel und Wege

Soviel ist möglich, um sein Aussehen zu verbessern.

Sie sind unzufrieden mit Ihren Haaren? Dann gehen Sie zum Frisör! Oder gönnen Sie sich eine neue Haarfarbe. Sie können – als Frau versteht sich – auch mit Haarspangen, -klammern, usw. experimentieren. Schauen Sie sich in verschiedenen Zeitschriften um, überlegen Sie, was Ihnen gut stehen würde. Und dann setzen Sie Ihr Änderungsvorhaben in die Tat um. Sofort – und Sie werden sich schnell besser fühlen!

Ändern Sie Ihren Kleidungsstil! Nur weil Sie jahrelang Jeans und T-Shirt getragen haben, müssen Sie nicht Ihr Leben lang dabei bleiben! Probieren Sie einfach etwas Neues aus! Stöbern Sie zuerst in Ihrem Kleiderschrank – mit ein bisschen Kreativität wird Ihnen ganz bestimmt die eine oder andere neue Kombination schnell einfallen! Und dann: gehen Sie Shoppen, lassen Sie sich inspirieren, schauen Sie sich um. Und dann handeln Sie – und schon sind Sie ein neuer Typ...

Sind Sie eine Frau, können Sie auch wunderbar mit Make-up experimentieren. Sind Sie noch nicht geübt, versuchen Sie sich zuerst in Ruhe alleine zu Hause. Üben Sie verschiedene Techniken, probieren Sie Farben aus. Sie werden schnell herausfinden, was Ihnen steht. Seien Sie sicher: Jedes gute Make-up kann eine Schönheit aus Ihnen zaubern! Glauben Sie nicht, dass unsere Topmodels ungeschminkt vor die Kamera kommen...

Und ob Frau oder Mann – wenn Sie sich zu blass finden: gehen Sie viel und oft an die frische Luft; Sie werden automatisch eine „gesündere Gesichtsfarbe" bekommen! Sollte draußen gerade die Sonne scheinen: ab in die Sonne! Sie müssen es ja nicht übertreiben und Ihre Haut mit einem Sonnenbrand frühzeitig altern lassen – aber das Sonnenlicht in seiner inspirierenden, verschönernden, entspannenden Form sollten Sie für sich entdecken und in kontrollierten Maßen genießen, ggf. natürlich mit Sonnencreme vorher eincremen.

c) Von sich aus

Pflegen Sie sich, achten Sie auf Ihre Ernährung, treiben Sie Sport. Wenn Sie diese drei Aspekte beachten, werden Sie sich wohler fühlen, kommen Sie Ihrem Persönlichkeitsziel ein großes Stück näher.

Es liegt einzig und allein an Ihnen, was Sie aus sich machen. Je mehr Sie sich und Ihren eigenen Körper lieben, umso stärker werden Sie strahlen, werden Sie von innen nach außen strahlen. Und umso selbstsicherer werden Sie sich fühlen und geben.

Doch nur Sie ganz allein haben es in der Hand, ob Sie sich und Ihren Körper in einen gewissen Wohlfühlzustand entführen.

Nur ein gesunder, gepflegter Körper mit einer reinen Seele zusammen können Ihnen zu einer eigenen Ausstrahlung verhelfen, um die Sie vielleicht bisher nur andere Menschen beneidet hatten.

Warten Sie nicht auf Anregungen oder Hilfen von außen. Nehmen Sie all dies selber in die Hand. Jetzt. Sofort. Und Sie werden strahlen, innerlich und äußerlich, so wie Sie noch nie gestrahlt haben.

d) Unterbewusstsein

Nutzen Sie auch hier Ihr Unterbewusstsein, um Ihre körperlichen Ziele zu programmieren. Benutzen Sie Affirmationen wie:

Ich bin schön.
Ich liebe mich.
Ich bin sportlich.
Ich ernähre mich gesund.
Ich liebe meinen Körper.
Von Tag zu Tag ernähre ich mich gesünder.
Ich bin begehrenswert.
Mein Körper, mein Geist und meine Seele sind eine Einheit.
Ich fühle mich großartig.
Ich strahle Freude aus.
Jeden Tag schaffe ich ein neues sportliches Ziel.
Ich bin topfit.
Ich liebe jedes einzelne Körperteil an mir.
Mein Körper und meine Gesundheit sind mein Kapital.

Arbeiten Sie auch hier mit *Bildern.* Hängen Sie sich Fotos auf, die Ihnen immer wieder vor Augen führen, wie Sie aussehen möchten. Ihr Unterbewusstsein, mit Ihrer täglichen Umsetzung zusammen, wird alles daran setzen, Ihr Bild in die Realität umzusetzen. Schneiden Sie eine Person aus, die Ihren Vorstellungen am nächsten kommt, und ersetzen Sie ihr Gesicht mit einem Foto von sich. Sie werden automatisch auf die Umsetzung hinarbeiten!

5. GESUNDHEIT

Nichts ist so wichtig wie unsere Gesundheit. Sind wir krank, ist es egal, wie viele Millionen auf unserem Konto sein mögen, wie viele Freunde wir haben, ob wir uns selbst verwirklichen konnten, wie viele Besitztümer wir horten. Sind wir krank, ist unser einziger Wunsch derjenige, schnellstmöglich wieder gesund zu werden. *Darum – achten Sie auf Ihre Gesundheit! Sie ist Ihr höchstes Gut!* Beugen Sie vor! Achten Sie auf Ihre Ernährung, treiben Sie Sport (nächstes Kapitel), kontrollieren Sie Ihren Konsum an Suchtmitteln, lernen Sie, sich selbst auf natürliche Weise bei „kleinen Wehwehchen" zu helfen.

a) Ernährung

Achten Sie auf Ihre Ernährung; ernähren Sie sich bewusst und gesund.

Gesunde Ernährung

Sie können nicht nur Ihre Lebenserwartung um einige Jahre verlängern, sondern auch Ihr tägliches Wohlbefinden um einiges steigern, wenn Sie sich gesund ernähren. Eine gesunde Ernährung basiert immer auf viel frischem *Obst und Gemüse*, aus einer abwechslungsreichen Küche. Wenn Sie sich abwechslungsreich und mit frischen Zutaten ernähren, können Sie i.d.R. davon ausgehen, dass Ihr Körper alles erhält, was er braucht, gleichzeitig aber mit ungesunden Stoffen nicht überfordert wird.

Natürlich soll Ihnen das Essen auch schmecken! Gönnen Sie sich gerne auch immer mal wieder „nicht so Gesundes" wie Kuchen, Süßigkeiten, Eis, Knabbergebäck, etc., wenn Ihnen danach ist. Essen soll ein Genuss sein, der Spaß macht. Wichtig ist nur: alles in Maßen! Und dann probieren Sie gerne einmal Gerichte aus mit Gemüse, mit Obst, insbesondere die vegetarische bzw. vegane Ernährung! Kaufen Sie sich entsprechende Kochbücher und experimentieren Sie! Sich gesund zu ernähren muss auf keinen Fall heißen, dass das Essen nicht mehr schmecken darf! Probieren Sie es aus! Eines kann ich Ihnen garantieren: Sie werden sich körperlich auf jeden Fall besser fühlen, wenn Sie den Fettgehalt herunterschrauben, weniger Zucker konsumieren, auf tierische Produkte verzichten, sich „leichter" und gesünder ernähren! Vor allem aber werden Sie mehr Energie verspüren! Ihnen wird es einfach besser gehen! Legen Sie nur einmal einen einzigen gesunden Tag ein; essen Sie einmal einen Tag lang nur frisches Obst und Gemüse – ich garantiere Ihnen, Sie werden sich viel, viel besser fühlen!

<u>Eigenanbau</u>

Wenn Sie die Möglichkeit dazu haben, versuchen Sie doch einmal, Ihr eigenes Obst und/oder Gemüse anzubauen. Wer es noch nicht versucht hat, wird nie erfahren, wie herrlich es ist, seine eigenen Produkte zu verzehren. Vor allem aber können Sie dann sicher sein, dass Ihr Obst und Gemüse garantiert nicht schadstoffbelastet ist... Sie wissen genau, was alles *nicht* in diesen Lebensmitteln steckt.

Wer einen eigenen Garten hat, kann sich natürlich so richtig austoben. Experimentieren Sie, probieren Sie aus, was Sie anbauen können, was auf Ihrem Grund gedeiht. Ein Balkon ermöglicht Ihnen immerhin den „Anbau" kleinerer Züchtungen, wie z. B. Erdbeeren, Tomaten, Kräuter. Und selbst, wenn Ihr Anbau sich nur auf einige Pflanztöpfe am Fenster beschränken kann, bieten sich Ihnen einige gute Möglichkeiten für eigene, frische Ware! Sie werden stolz sein auf Ihre eigenen Produkte – und vielleicht wandeln Sie sich ja in einen Liebhaber von hausgemachter Marmelade oder Kompott? Versuchen Sie sich! Sie müssen ja nicht das Ziel haben, von heute auf morgen auf Selbstversorgung umzusteigen. Aber Ihre eigens geernteten Nahrungsmittel garantieren Ihnen einen guten Beitrag zu einer gesunden Ernährung mit Produkten, die weder gespritzt noch genmanipuliert noch schadstoffbelastet sind.

<u>Vegetarische/vegane Ernährung</u>

Dies ist ein Punkt, der mir ganz persönlich sehr am Herzen liegt. Ich selber lebe heute absolut vegan, verzichte also auf jegliche tierischen Produkte bzw. alles, was den Tod von Tieren und/oder Tierleid beinhaltet. Skeptikern sei gesagt, dass es mir gesundheitlich an nichts mangelt – im Gegenteil! Wer sich ausgewogen ernährt, der kann durchaus sehr gut ohne Fleisch, Fisch, Eier, Milchprodukte, etc. auskommen. Es ist eindeutig erwiesen, dass Vegetarier bzw. Veganer länger und gesünder leben und seltener krank werden. Viele unserer so genannten Zivilisationskrankheiten sind eine Folge ungesunder Ernährung, die bei Vegetariern/Veganern seltener bzw. kaum vorkommen. Und auch hier kann ich Ihnen nur empfehlen: Probieren Sie es aus! Es wird Ihnen an nichts fehlen! Auch gibt es Unmengen an Rezepten... Vegetarisches/veganes Essen kann sehr köstlich sein und hat mit Salat- und Körnerfressern überhaupt nichts zu tun. Informieren Sie sich über Rezeptmöglichkeiten, experimentieren Sie frei nach Ihrem eigenen Geschmack – Sie werden es lieben! Und für den ganz eisernen Fleischesser: Es gibt heutzutage viele leckere Ersatzprodukte – besuchen Sie doch einfach einmal ein gutes Reformhaus, schauen Sie sich in Ihrem Supermarkt um, stöbern Sie im Internet! Auch Eier kann man prima tierleidlos ersetzen; und veganen Käse gibt es genauso wie Sojajoghurt, -pudding, -sahne, etc.

Kurz erläutert: Ein Vegetarier verzichtet zumindest auf Fleisch und Fisch, ein Veganer verzichtet auf alles, was Tierleid herbeiführt, somit auch auf Eier, Milchprodukte, Gelatine, etc.

Neben dem Aspekt der Gesundheit gibt es in der heutigen Zeit noch etwas ganz anderes, was Sie zu einer vegetarischen Ernährung führen sollte – und im Endeffekt zielt es doch auf Ihre Gesundheit: BSE, Maul- und Klauenseuche, Schweinepest, Vogelgrippe, Schweinegrippe...

Wie kann man nur so gedankenlos sein und nach wie vor Produkte zu sich nehmen, wo das Risiko, einen lebensgefährlichen Krankheitserreger mit aufzunehmen, so erheblich ist? Nur, weil man es eben so gewohnt ist? Gut, es ist Ihr Leben, Sie haben die Wahl. Aber sonst vermeiden Sie doch auch die Gefahr, oder? Auch ist es heute auch nichts Verwerfliches mehr, kein Fleisch zu essen. Ich garantiere Ihnen, Ihre Bekannten werden erstaunt und überrascht sein, insgeheim werden sie Sie aber beneiden, da Sie den Schritt in die richtige Richtung gewagt haben! Und dabei haben Sie eigentlich überhaupt nichts gewagt! *Sie haben lediglich an sich, Ihre Gesundheit und Ihr Leben gedacht!*

Wenn Sie zusätzlich noch nicht nur an sich sondern auch an die Tiere denken, dann sind Sie ein echter Vegetarier! Ich wünsche mir, dass sich jeder Mensch bewusst macht, was er da auf seinem Teller hat. Da liegt nämlich ein totes Tier vor Ihnen – ein Tier, das noch leben könnte, wenn Sie sich anders ernähren würden! Es ist kein Fleisch da auf Ihrem Teller; es ist ein totes Tier! Zur Abschreckung könnte ich auch sagen: Es handelt sich um einen mindestens einen Tag alten Leichnam! Bitte führen Sie sich dieses Bild immer wieder vor Augen, wenn Ihnen nach Fleisch oder Fisch gelüstet!

Die ganzen Massentierhaltungen, die Legebatterien, die Massennotschlachtungen, die wegen BSE, etc. und der nötigen Aufrechterhaltung des Fleischpreises stattfinden, die unwürdigen Tiertransporte – all dies müsste nicht sein! Sie, ja Sie, Sie können Ihren Teil dazu beitragen, dass diese Tiere nicht so leiden, nicht sterben müssen! Verzichten Sie auf die toten Tiere auf Ihrem Teller, und freuen Sie sich, wenn Sie eine Kuh auf der Weide grasen sehen, wenn Sie Hühner auf einem großen Gelände gackern hören, wenn ein kleines Lamm seinem Mutterschaf nachläuft, wenn die Fische im Teich fröhlich schwimmen. Seien Sie nicht so egoistisch! Denken Sie nicht nur an sich!

Nur weil Sie ein Leben lang Fleisch und Fisch gegessen haben, so aufgewachsen sind, entsprechend erzogen wurden, ist dies noch lange kein Grund, nicht heute damit aufzuhören! Wenn Sie immer lange Haare hatten und Ihnen jetzt ein Kurzhaarschnitt besser gefallen würde, dann gehen Sie ja auch zum Frisör!

Aber was ist, wenn wir alle Vegetarier wären, und die ganze Fleischindustrie dann von heute auf morgen in Gefahr geriete? Das wäre doch großartig! Diesen

Satz habe ich gewählt, weil er mir von ignoranten Antivegetariern gerne vorgeworfen wird. Erstens wird das nie von heute auf morgen passieren, sondern wenn, dann im Laufe einer gewissen Zeitspanne. Die Fleischindustrie hätte also genügend Vorlaufzeit, sich umzustellen, sich umzustrukturieren, Arbeitsplätze abzubauen, neue Erwerbsquellen aufzutun. Allein die Tatsache, dass wir seit Jahren unsere Bauern mit erheblichen Beträgen subventionieren, anstatt ihnen Möglichkeiten aufzuzeigen, umzusatteln und in neue Berufszweige umzusteigen, beweist, dass eine künstliche Aufrechterhaltung einer eigentlich maroden Industrie langfristig nicht ihren Zweck erfüllen kann. Ich möchte hier ausdrücklich nicht sagen, dass der Beruf des Bauern überflüssig ist – im Gegenteil. Nur gibt es zu viele Anbieter, dann muss die Anzahl dem Markt entsprechend halt reduziert werden! So funktioniert ja auch der Rest unserer Wirtschaft: Möchte ich Arzt werden, ist aber die Zahl der zugelassenen Ärzte in meiner Region schon ausgeschöpft, dann muss ich notgedrungen die Stadt wechseln oder eben den Beruf! Warum gilt dies nicht in der Landwirtschaft?

Oder anders ausgedrückt – Sie möchten ja nicht wirklich jede Industrie unterstützen, damit Arbeitsplätze erhalten bleiben, oder? Oder befürworten Sie daher die Atomkraftwerke, nur damit die dort Beschäftigten ihre Arbeit behalten?

Ich wünsche Ihnen viel Spaß beim Experimentieren mit fleischloser Kost und hoffe, dass ich Ihnen die Sinnlosigkeit einer fleischhaltigen Ernährung näher bringen konnte. Fragen Sie sich vor dem nächsten Essen: *Will ich wirklich an dem unnötigen Tod und der unnötigen Quälerei all dieser Tiere Schuld sein?*

Kochen

Sie haben nie Zeit zum Kochen? Dann nehmen Sie sich die Zeit dazu! Nicht unbedingt täglich, doch immer dann, wenn Sie ein wenig Muße haben. Denn Kochen kann sehr viel Spaß und Freude machen, Sie werden automatisch frischere Zutaten verwenden, als Ihnen die übliche Tiefkühlpizza zu bieten hat, und wenn Sie das Gericht appetitlich anrichten, den Tisch mit Liebe decken und vielleicht ein paar Kerzen anzünden, dann kann Ihr Essen eine wunderschöne Gelegenheit für eine Stunde der Muße, der Ruhe, des Genießens werden. Essen dient nicht nur der Nahrungsaufnahme, dem Stoppen des Hungergefühls, nein, Essen dient auch dem Genießen, der Entspannung! Ob Sie allein sind oder eine Großfamilie zu versorgen haben, nehmen Sie sich, wann immer möglich, die Zeit, Ihre Mahlzeiten mit Liebe zuzubereiten, mit Liebe aufzudecken und mit Liebe zu genießen. Probieren Sie es aus! Ich garantiere Ihnen, eine frisch zubereitete Mahlzeit wird Ihnen viel besser munden als die schnell verschlungene Mikrowellenportion. Probieren Sie es aus – wenn es Ihre Zeit zulässt – Sie werden es lieben!

<u>Fasten</u>

Bei dem Thema Ernährung möchte ich das Stichwort *Fasten* nicht außer Acht lassen. Wer schon einmal gefastet hat, weiß, wie wohltuend einige Tage des Nahrungsverzichtes sind – für Leib und Seele. Wer fastet, reinigt gleichermaßen seinen Körper und seinen Geist. Sie nehmen nicht nur ab, Sie werden auch ein enormes *Glücksgefühl* verspüren!

Allerdings ist nicht immer der richtige Zeitpunkt zum Fasten. Sie sollten sich gut fühlen, körperlich auf der Höhe sein, und vor allem die Muße finden können, gleichzeitig ein bisschen zu entspannen. Ein bis drei Fastentage sind für Ungeübte absolut vertretbar. Bis zu 5 Tagen können sich geübte Fastenpersonen jederzeit zumuten. Wichtig aber: *Trinken Sie viel!* Halten Sie immer ungesüßte Säfte, Tee, Mineralwasser bereit. So werden automatisch alle Schadstoffe aus Ihrem Körper gespült. Nutzen Sie diese Zeit, sich zu entspannen, sich vielleicht ein wohliges Bad zu gönnen, spazieren zu gehen, zu lesen, zu meditieren. Eine Urlaubswoche ist wohl die beste Zeit, sich einige Fastentage zu gönnen.

Wer das Fasten hauptsächlich zum Abnehmen nutzen möchte, dem rate ich zu einem Fastentag die Woche. Vorausgesetzt, Sie ernähren sich für den Rest der Woche kalorienbewusst, wird Ihnen dieser eingeschobene Fastentag zusätzliche Wunder bescheren. Wann immer Sie das Gefühl haben: „Es muss etwas passieren, ich fühle mich so leblos, so nutzlos, ich will etwas ändern" - starten Sie mit drei Fastentagen! Es wird Ihnen verdammt gut tun, und Sie können sich sagen: „So, das war der Anfang! Wenn ich das geschafft habe, dann schaffe ich noch ganz andere Dinge! Mein Körper, meine Seele sind gereinigt und bereit – jetzt starte ich durch!" Versorgen Sie sich ggf. zusätzlich mit Vitaminpräparaten – und Ihnen wird es während der Fastenzeit an nichts fehlen! Aber brechen Sie nichts über den Zaun. Wenn es Ihnen absolut schwer fällt, dann war eben noch nicht der richtige Zeitpunkt. Brechen Sie ab und starten Sie erneut, wenn ein besserer Zeitpunkt gekommen ist. Sie werden es spüren, wenn es soweit ist!

Bei dieser Gelegenheit möchte ich anmerken, dass Fasten und gleichzeitiges Ausschwemmen durch viel, viel Flüssigkeitsaufnahme eine hilfreiche Methode ist, Krankheiten wie Allergien, Hautunreinheiten, Hautkrankheiten zu bessern oder sogar auch ggf. zu heilen! Versuchen Sie es – es wird Ihnen auf jeden Fall gut tun und einen weiten Schritt in Richtung Gesundheit vorwärts bringen!

<u>Abnehmen</u>

Suchen Sie Ihr *Wohlfühlgewicht!* Maßstab sind nicht die Standards der Laufsteg-Models, sondern genau das Gewicht, mit dem Sie persönlich sich am wohlsten fühlen. Wenn Sie einige Kilos zuviel auf die Waage bringen und dennoch rundum zufrieden mit sich sind – wunderbar! Wenn Sie sich aber einzig aus Bequemlichkeit einreden, dass sie rundum zufrieden sind, dann sollten Sie etwas tun!

Als erstes sollten Sie herausfinden, wann und warum Sie zu viele Kalorien zu sich nehmen. Dann versuchen Sie, die entsprechenden Fallsituationen zu meiden bzw. zu verändern. Und dann hat nur eine Methode langfristig Ihren Sinn: *Essen Sie kalorienbewusst, und zwar das, was Ihnen schmeckt; ernähren Sie sich gesund!* Meiden Sie Kalorienbomben, meiden Sie unnötige, versteckte Kalorien, wie sie in gezuckerten Getränken und fetthaltigen Soßen beispielsweise vorhanden sind. Und dann stellen Sie sich Ihren persönlichen Tagesplan zusammen! Wenn Sie dann erst einmal den Anfang geschafft haben, dann werden Sie es lieben, Pfund um Pfund zu verlieren. Denken Sie dennoch immer daran: Das Leben soll auch Spaß machen! Finden Sie ein für sich gesundes, akzeptables Mittelmaß für Ihr Gewicht. Treiben Sie zusätzlich auch noch Sport, dann werden Sie mit Sicherheit bald mit Ihrer Figur zufriedener bzw. zufrieden sein!

b) Suchtmittel

In Maßen ist alles erlaubt; in Maßen schadet nichts – weder Zigaretten, Alkohol, Süßigkeiten, ... Doch alles ungesunde, was wir in Mengen konsumieren, was uns abhängig macht, schadet uns enorm. Dass Zigaretten, Alkohol und weiteres extrem ungesund sind oder sein können, brauche ich hoffentlich nicht zu erwähnen. Schränken Sie Ihren Konsum ein oder, wenn Ihnen diese Reduzierung nicht leicht fällt, dann hören Sie am besten ganz damit auf. Komplett und sofort. Gut – leichter gesagt als getan – aber Sie wollen Ihr Leben doch genießen, gesund sein, lange leben, glücklich sein, oder? Dann denken Sie auch an sich und Ihre Gesundheit! Sie können es lassen – Sie müssen es nur wirklich wollen! Und Sie wissen doch: Alles ist möglich! Es liegt an Ihnen! Wenn Sie merken, dass Sie das Aufhören nicht alleine schaffen, aber unbedingt Aufhören wollen, dann suchen Sie sich Hilfe! Es gibt genügend Selbsthilfegruppen und unterstützende Organisationen! Erkundigen Sie sich! Heute noch! Und dann nehmen Sie an so einer Gruppe teil – und Sie werden es schaffen!

c) Heilung

Gehen Sie bei jeder Kleinigkeit zum Arzt? Warum? Kleinigkeiten können Sie bestens selber beheben – Sie müssen nur Verantwortung für Ihren Körper übernehmen! Greifen Sie nie sofort zu Medikamenten – beheben Sie immer erst die Ursache!

Leider ist es in der allgemeinen Medizin nicht weit verbreitet, Körper und Seele gleichermaßen zu betrachten. Aber, mit Ausnahme von Unfällen, geht ein Leiden des Körpers immer mit einem Leiden der Seele einher bzw. ist die Folge eines ungesunden Lebensstils! *Ist Ihr Körper krank, ist oft auch Ihre Seele krank – und umgekehrt!* Nur wenn Sie Ihre Seele heilen können, kann auch Ihr Körper gesunden! Wann immer etwas mit Ihnen nicht stimmt, überlegen Sie zu allererst, was die Ursache hierfür sein könnte. Und dann beheben Sie die Ursache – der Gang zum Arzt kann so oft überflüssig sein! Natürlich ist es bequemer, schnell ein Mittel gegen Kopfschmerzen einzuwerfen als sich mit den Gründen für die Schmerzen, wie z.B. Stress, Überanstrengung, Probleme,... auseinanderzusetzen. Doch nehmen Sie nur die Kopfschmerztablette, werden Sie bei der nächsten Gelegenheit wieder von den Schmerzen übermannt werden. Beheben Sie aber die Ursachen, indem Sie z.B. Stress vorerst meiden bzw. abbauen, sich mit Ihrem Problem auseinandersetzen, usw., dann wird Ihr Kopf langfristig schmerzfrei sein!

Unterbewusstsein

Auch bei Krankheiten können Sie prima mit Ihrem Unterbewusstsein arbeiten. Sagen Sie sich immer wieder: „Ich bin krank, mir geht es so schlecht, ich werde nie wieder gesund werden." - dann wird genau dies eintreten. Nein! Sagen Sie Ihrer Krankheit den Kampf an und sagen Sie sich: „Jeden Tag geht es mir besser, ich fühle mich rundum wohl, alles ist bestens." Stellen Sie sich in Gedanken vor, wie Sie kerngesund und schmerzfrei durchs Leben gehen. Wiederholen Sie dieses Bild wieder und wieder und wieder. Sobald Sie Ihrem Unterbewusstsein die richtigen Informationen eingespeist haben – und zwar beharrlich – werden sich Ihre Gedanken auch in die Realität umsetzen!

Alternative Heilmethoden

Es gibt die verschiedensten alternativen Heilmethoden in der Naturheilkunde. Viele dieser Methoden können erstaunliche Erfolge erzielen – vorausgesetzt, Sie werden von einem wirklich erfahrenen Heilpraktiker o.ä. therapiert. Vor allem erreicht die Naturheilkunde in vielen Fällen eine tatsächliche, vollkommene Heilung – was in der herkömmlichen Medizin leider nicht immer realisiert werden kann. Hier können oft nur die Hauptsymptome gelindert oder ausgeschaltet werden, i.d.R. werden die Symptome mit Medikamenten einfach nur unterdrückt.

Im Folgenden möchte ich Ihnen zwei bewährte Arten der Naturheilkunde vorstellen:

<u>Homöopathie</u>

In der Homöopathie werden die verschiedensten natürlichen Stoffe zur Heilung eingesetzt. Homöopathie heißt *Gleiches mit Gleichem heilen,* was bedeutet, dass der Stoff, der einen Gesunden krank machen würde, einen Kranken wieder gesund macht. In der Homöopathie werden die Essenzen in einem speziellen Verfahren extrem verdünnt, *Potenzieren* genannt. Sinn dieser Verdünnung ist es zum einen, die evtl. direkte krankmachende Wirkung auszuschließen und zum anderen, die eigentlichen Informationen des jeweiligen Stoffes mehr und mehr herauszufiltern, so dass bei der größtmöglichen Potenzierung die eigentlichen Informationen der jeweiligen Substanz am deutlichsten für sich alleine stehen, gleichfalls die eigentliche Ursubstanz kaum bzw. gar nicht mehr vorhanden ist. Es sind in der Homöopathie die „Informationen" das Entscheidende, nicht die materielle Substanz für sich.

Das Entscheidende hier ist jedoch, dass bei einem Krankheitsbild nur *das ähnlichste Mittel* eine Heilung verspricht. Und dieses ähnlichste Mittel, d. h. das Mittel, das auf diese eine Person mit Ihren spezifischen Beschwerden und auch Eigenarten am ehesten anspricht herauszufinden, das ist das extrem Schwierige bei der Behandlung mit homöopathischen Mitteln. Denn anders als in der herkömmlichen Medizin gibt es nicht ein Mittelchen bei Kopfschmerzen, ein Mittelchen bei Bauchschmerzen, ein Mittelchen bei Schlaflosigkeit. Vielmehr werden die verschiedensten Symptome des Patienten betrachtet inklusive seiner ganz persönlichen Stärken, Schwächen und Eigenarten, im Falle einer wirklich gezielten, ausführlichen und klassischen homöopathischen Unterstützung.

Bevor ich mich mit diesem Thema beschäftigt habe, hielt ich Homöopathie für puren Blödsinn. Dass eine hochgradig verdünnte Essenz extreme Heilungschancen versprechen sollte, konnte ich mir absolut nicht vorstellen. Da ich mich aber vermehrt mit Naturheilverfahren beschäftigt habe, informierte ich mich so auch näher über die Homöopathie. Und als dann mein Mann mit einem Magengeschwür nach Hause kam, mein Frauenarzt mir Cortison verschreiben wollte, die Nieren unseres großen Katers nicht mehr richtig funktionierten, unser kleiner Kater immer wieder Augenprobleme bekam, da begann ich, mich intensiv mit der Homöopathie zu beschäftigen. Und ich probierte sie aus. Seitdem bin ich nicht nur eine große Verfechterin dieser Art der Naturheilkunde, sondern als Ganzheitliche Katzenberaterin auch spezialisiert auf die Homöopathie für Katzen.

Nachdem ich damals vor Jahren die ärztliche Behandlung des Magengeschwürs meines Mannes mit Homöopathie unterstützte und ihm gleichzeitig eine gesündere Ernährung anriet, gesundete er vollkommen. Meine persönlichen Beschwerden erledigten sich durch den Faktor Zeit und eine homöopathische Unterstützung automatisch. Wann immer unser kleiner Kater Probleme mit seinen Augen bekam, erhielt er kurz das für ihn passende Mittel – und die Beschwerden waren wie weggeblasen.

Heute berate ich Katzenhalter u.a., wenn ihre Katze krank ist, mit der Homöopathie. Hätte ich keine Heilerfolge, würde ich diesen Beruf schon lange nicht mehr ausüben...

Das richtige homöopathische Mittel regt die körpereigenen Kräfte wieder an. Es stabilisiert sozusagen den gesamten menschlichen Mechanismus, es bringt den ganzen Körper wieder in sein Gleichgewicht. Bei vielen Krankheiten kann die Homöopathie Wunder bewirken – ich habe es selbst erlebt. Und anders als in der herkömmlichen Medizin, wo leider oft nur die Symptome bekämpft werden, heilt die Homöopathie den gesamten Menschen, seinen gesamten Körper und seine Seele. Nie kann nur ein einzelnes Körperteil betrachtet werden, immer ist der gesamte Mensch als Ganzes, als Einheit betroffen. *Die Homöopathie kann den Menschen als Ganzes heilen.*

Ich wünsche Ihnen, dass Ihnen auch derartige Wunder zuteil werden. Informieren Sie sich, lesen Sie Bücher über Homöopathie. Und wenn nötig, probieren Sie es aus. Trauen Sie sich dies nicht zu bzw. sind Sie ernsthaft sehr krank, wenden Sie sich im gegebenen Fall an einen guten Homöopathen – Sie sollten es sich wert sein!

Apfelessig

Wer es nicht erlebt hat, darf gerne vorerst mit der Stirn runzeln. Wer sich aber bereits einmal mit Apfelessig behandelt hat, der wird seiner enormen Wirkungskraft zustimmen.

Apfelessig ist ein auf vielfältige Weise einzusetzendes Naturheilmittel; vor allem aber wirkt es entzündungshemmend; Apfelessig zieht praktisch jede Entzündung aus dem Körper. Wann immer Sie sich über eine Entzündung irgendwelcher Art beklagen, behandeln Sie sich mit Apfelessig!

Vor Jahren hatte ich einen Tierbiss im Arm, die Gefahr einer Blutvergiftung war akut. Ich verdünnte Apfelessig mit Leitungswasser, tauchte ein sauberes Tuch hinein und wickelte dieses Tuch fest um mein beschädigtes Körperteil. Diese Prozedur wiederholte ich in regelmäßigen Abständen, damit immer ein frisches Apfelessigtuch um meinen Arm gelegt war. Die Schwellung ging zurück; die Gefahr war also gebannt. Und nach zwei Wochen eiserner Tuchdisziplin war die Entzündung absolut abgeheilt!

Ca. ein halbes Jahr nach meinem obigen Erlebnis berichtete mir meine Mutter von einer Bekannten, der das gleiche Schicksal widerfahren war. Sie jedoch stattete Ihrem Arzt einen Besuch ab. Sie bekam einen Verband, für dessen Wechsel sie nun täglich wieder zum Arzt musste – und das 4 Wochen lang!

Auch bei einer Verstauchung beispielsweise wirkt Apfelessig gleiche Wunder!

Sie sehen: Alternative Heilmethoden schonen Ihren Körper, da Sie sich keine Medikamente mit eventuellen Nebenwirkungen zuführen. Und alternative Heilmethoden können Ihnen den Gang zum Arzt ersparen! Der Form halber möchte ich hier noch erwähnen, dass die Naturheilkunde auf keinen Fall die herkömmliche Medizin voll und ganz ersetzen kann! Sie bietet aber eine hervorragende Möglichkeit, kleinere und bei einem erweiterten Kenntnisstand auch größere Wehwehchen auf sanfte, natürliche Methode auszuschalten!

Natürlich gibt es noch viele weitere hervorragende naturheilkundliche Möglichkeiten, wie u.a. Bachblüten, Akupunktur, Aloe Vera, Kolloidales Silber, Magnetfeldtherapie, Reiki, Farb- und Lichttherapie, Akupressur, Phytotherapie, Bioresonanztherapie, uvm.

Dennoch aber sollten Sie selbstverständlich bitte immer sofort einen guten Heilpraktiker oder Arzt aufsuchen, wenn Sie selber mit obigem, etc. nicht weiter kommen bzw. hier keine bzw. kaum Kenntnisse haben!

6. SPORT

„Sport ist Mord"? Völlig falsch – dann haben Sie die falsche Vorstellung von Sport! Sport soll und muss Spaß machen! Bewegung tut dem Körper gut – und Sie selbst, Sie allein, entscheiden, was Ihnen Spaß macht und damit auch, welchen Sport Sie betreiben!

Nur wer es ausprobiert hat, weiß, wie großartig man sich nach einer sportlichen Betätigung fühlt! Suchen Sie sich eine Sportart Ihrer Wahl aus, probieren Sie vielleicht verschiedene aus, und Ihr Leben wird enorm bereichert werden!

Der Satz „dazu habe ich keine Zeit" ist nichts denn eine faule Ausrede. Wenn Sie etwas wirklich tun wollen, dann nehmen Sie sich ja sonst auch die Zeit dafür. Also bedeutet, dass Sie keine Zeit für Sport haben, lediglich, dass Sie noch keinen Sport gefunden haben, der Ihnen Ihre Zeit wirklich wert ist!

Überlegen Sie, was Ihnen Spaß machen könnte. Sind Sie lieber für sich alleine, mit einem Partner zusammen oder fasziniert Sie Mannschaftssport? Reizt Sie eher das Element Wasser, die Luft oder die Erde? Möchten Sie laufen? Möchten Sie tanzen? Möchten Sie Ihren Sport mit einem anderen Hobby von sich verbinden? Wählen Sie die Sportart aus, zu der Sie so richtig Lust haben – und zu alt sind Sie garantiert nie!

Natürlich spielt der Faktor Zeit auch mit eine Rolle. Wenn es Ihnen unmöglich ist, feste Zeiten in der Woche für Ihren Sport zu reservieren, dann müssen Sie sich eben etwas Terminunabhängiges aussuchen! Wenn Sie an keine Verträge gebunden sein möchten, dann wählen Sie einen Sport, bei dem Sie keinem Verein o.ä. beitreten müssen.

Die einfachsten, ggf. kostengünstigsten und zeitunabhängigen Sportarten wären z. B.: Joggen, Walking, Gymnastik, Schwimmen, Skating, Skilaufen, Surfen, Segeln, Kegeln, Rudern,… Es gibt so viele Möglichkeiten – probieren Sie sie aus!

Und in Punkto *nie zu alt für etwas sein* sind mein Mann und ich ebenfalls ein gutes Beispiel. Wir hatten uns vor Jahren für den Tanzsport entschieden. Tanzsport bedeutet aber, dass, wenn man auch Turniere tanzen möchte, man ab 35 bereits als Senior gilt! Wir waren damals 33 Jahre alt und hatten uns als feste Ziel gesetzt, bis 35 einige Turniere hinter uns zu haben. Sie können uns glauben, dass viele Trainer uns schon gesagt hatten: „Dafür seid ihr viel zu alt." Sicherlich ist es für einen Trainer erfolgversprechender, 14jährige Jugendliche in den Turniersport einzuführen. Sie glauben gar nicht, wie eisern mein Mann und ich das Training durchstanden – umringt von Teenagern und Kiddys – aber wir hatten ein Ziel und außerdem eine Menge Spaß an unserem Hobby!

7. BERUF

Unser Beruf ist diejenige Beschäftigung, mit der wir unser Geld verdienen. Ich möchte diesen Aspekt unterteilen in einmal Ihre jetzige Beschäftigung und zum anderen Ihre Wunschbeschäftigung, Ihr Ziel also.

a) Jetziger Beruf

Stellen Sie sich vor, Sie hätten 1 Million Euro gewonnen. Würden Sie Ihren jetzigen Beruf dann noch ausüben? Wenn ja, *dann Herzlichen Glückwunsch!* Sie haben Ihre berufliche Erfüllung bereits erreicht. Wenn nein – dann ändern Sie Ihre berufliche Situation!

Es gibt keinen Grund, einen einmal erwählten Beruf sein Leben lang ausüben zu müssen. Wenn Sie mindestens 8 Stunden am Tag etwas tun, das Ihnen keinen Spaß macht, dann verschwenden Sie zu dieser Zeit Ihr Leben! Doch wie kostbar ist Ihr Leben - viel zu kostbar, um es zu verschwenden! Sind Sie mit Ihrem jetzigen Beruf unzufrieden, dann tun Sie für sich selber vorerst so, als würden Sie ihn lieben – Sie werden eine Menge mehr Freude daran haben. Und dann suchen Sie gleichzeitig nach neuen Horizonten! Überlegen Sie, was Ihnen Spaß macht, überlegen Sie, wie Sie damit Geld verdienen können. Hören Sie auf sich, hören Sie nicht auf Freunde, Familie, Bekannte. Es ist Ihr Leben – Sie entscheiden – und auch bzw. vor allem über Ihren Beruf! Natürlich müssen Sie, gerade wenn Sie Familie haben, immer auch an Ihr gesichertes Einkommen denken. Aber es gibt immer eine Möglichkeit, sich zu verändern – ergreifen Sie sie! Tun Sie nichts, was für Sie Zeitverschwendung bedeutet, tun Sie nur, was Sie auch wirklich lieben! Und dann tun Sie es aus tiefstem Herzen, stehen Sie dazu!

Denken Sie auch an diese Wörter, wenn es um den Beruf Ihrer Kinder geht! Nichts ist schlimmer, als wenn ein Kind nur deshalb einen Beruf ergreift, weil die Eltern es sich so wünschen. Lassen Sie Ihr Kind entscheiden – Sie wollen doch, dass es glücklich wird, oder? Selbstverständlich muss man sich alle Vor- und Nachteile vor Augen führen. Wenn Ihr Kind Künstler werden möchte, muss es sich bewusst sein, dass damit am Anfang vielleicht keine Reichtümer erlangt werden können. Aber wenn Ihr Kind etwas wirklich liebt, dann wird es auch seinen ganzen Elan in diese Arbeit stecken – *und wenn man etwas richtig gut kann und aus voller Inbrunst tut, dann kann man nur Erfolg haben!* Und zum Broterwerb kann man immer noch nebenbei einer weiteren Tätigkeit nachgehen, die den Lebensunterhalt sichert!

Was nützt es einem gut situierten Manager, wenn er zwar eine hoch dotierte Position innehat, sich alles nur Erdenkliche leisten kann, seinen Beruf aber nur als Broterwerb betrachtet, der ihm eigentlich keine Freude bereitet? Er wird irgendwann feststellen, dass er den Großteil seines Lebens mit etwas verbracht hat, das ihn überhaupt nicht ausfüllte.

Sie haben die Wahl, Sie können Ihr Leben mit Sinn erfüllen! Trauen Sie sich! Sagen Sie sich niemals: „Das habe ich jetzt schon 20 Jahre lang gemacht; ich kann nichts anderes." Ich garantiere Ihnen: *Wenn Sie etwas wirklich wollen, dann werden Sie es auch können!* Sie müssen sich nur erkundigen, vielleicht weiterbilden, eisern an Ihrem Ziel arbeiten. Und Sie werden es schaffen! Denn Ihre Begeisterung für Ihren neuen Beruf wird Ihre Mitmenschen, Kunden, Lieferanten, Mitarbeiter, usw. derart mitreißen, dass Sie nur erfolgreich sein können! Trauen Sie sich etwas zu! Sie sind es sich selber schuldig!

b) Wunschbeschäftigung

Der ideale Beruf ist in meinen Augen derjenige, der Ihre *Berufung* ist. *Machen Sie Ihr liebstes Hobby zum Beruf* – und Glück und Freude werden auf Ihrer Seite sein. Gleichfalls müssen Sie so gesehen „keinen einzige Tag arbeiten" – denn es wird für Sie keine Arbeit sein, wenn Sie wirklich genau das tun, was Ihnen Freude bereitet.

Sie möchten etwas Neues wagen? Dann wagen Sie es! Gehen Sie Risiken ein – ohne Risiken ist ein Neuanfang unmöglich. Risiken gehören zum Leben. Und Sie können die Risiken nach Ihren eigenen Bedürfnissen einschränken bzw. ausweiten. Möchten Sie sich beispielsweise selbständig machen und haben Sie genügend Eigenkapital angespart, steht Ihrem Vorhaben nichts mehr im Wege. Haben Sie nichts oder nur wenig auf der hohen Kante, müssen Sie entweder eine längere Ansparphase vorher mit einplanen, mit möglichen Kreditgebern verhandeln oder Ihr neues Unternehmen beispielsweise vorerst nebenbei aufbauen. Es gibt immer mehrere Möglichkeiten – seien Sie kreativ und wägen Sie ab. Aber sagen Sie nie: „Das geht nicht!" Es geht immer, was auch immer Sie vorhaben, Sie müssen es nur in die Tat umsetzen!

8. FINANZEN

Geld ist ein wichtiger Aspekt in unserem Leben. Schon alleine zum Leben, zum Überleben, kommen wir ohne finanzielle Mittel nicht aus. Wenn wir uns dann noch wirklich all das leisten wollen, was wir uns wünschen, dann müssen wir über ausreichende Geldmengen bzw. Geldflüsse verfügen. Sehen Sie Geld als etwas Positives, etwas, das Ihre Wünsche verwirklichen kann. Ziehen Sie das Geld an! *Denken Sie groß!* Vor allem im Bereich des Wohlstandes ist unser Unterbewusstsein der wichtigste Hebel, der uns arm oder reich sein lassen kann. *Denken Sie sich reich!*

Sollten Sie der Meinung sein, Geld sei nur ein einseitiger Aspekt, „Geld verderbe den Charakter", dann möchte ich Ihnen nur Folgendes sagen: Mit Geld können Sie so viel Gutes tun! Sie können nicht nur Ihr Leben ein wenig leichter machen, Sie können auch andere unterstützen, indem Sie spenden beispielsweise! Wenn Sie für sich also keinen Reichtum anstreben – warum auch immer – dann streben Sie ihn für das Wohl der armen Kreaturen auf dieser Welt an!

Im Folgenden möchte ich Ihnen einzeln aufführen, wie Sie den von Ihnen angestrebten Wohlstand erreichen können:

a) Sparen

„Ich lebe heute – warum soll ich sparen?" Weil Sie vielleicht doch auch morgen noch leben...?!

Sich selbst bezahlen

Sparen heißt nichts anderes, als sich selbst zu bezahlen. Wenn Sie etwas auf die hohe Kante legen, dann legen Sie es ausschließlich für sich und Ihre Familie beiseite! Bezahlen Sie sich selbst – und Ihr Wert wird in Ihrem eigenen Ermessen um einiges steigen! Sehen Sie gespartes Geld nicht als etwas an, das Ihnen nun nicht mehr zur Verfügung steht. Im Gegenteil – dieses Geld wird für Sie arbeiten, Ihren Wohlstand erhöhen, Ihre finanzielle Sicherheit steigern, Ihnen im Alter einen ruhigen Lebensabend verschaffen. Bezahlen Sie sich selbst – denn Sie selbst haben es am meisten verdient, bezahlt zu werden!

Zinsen und Zinseszins

Haben Sie sich schon einmal eine Zinseszinstabelle verinnerlicht? Es ist beeindruckend, wie erheblich sich ein höherer Zinssatz auf die Rendite auswirkt. Ich möchte Ihnen ein kurzes Beispiel liefern:

Angenommen, Sie legen 20 Jahre lang Euro 10.000,- (einmalige Einzahlung!) zu den folgenden Zinssätzen an, dann haben Sie nach den unten aufgeführten Laufzeiten das jeweils folgende Kapital:

Laufzeit	3%	5%	10%	20%
1. Jahr	10.300	10.500	11.000	12.000
2. Jahr	10.609	11.025	12.100	14.400
3. Jahr	10.927	11.576	13.310	17.280
4. Jahr	11.255	12.155	14.641	20.736
5. Jahr	11.593	12.763	16.105	24.883
6. Jahr	11.941	13.401	17.716	29.860
7. Jahr	12.299	14.071	19.487	35.832
8. Jahr	12.668	14.775	21.436	42.998
9. Jahr	13.048	15.514	23.580	51.598
10. Jahr	13.439	16.289	25.938	61.917
11. Jahr	13.843	17.104	28.531	74.301
12. Jahr	14.258	17.959	31.384	89.161
13. Jahr	14.686	18.857	34.523	106.993
14. Jahr	15.126	19.800	37.975	128.391
15. Jahr	15.580	20.790	41.773	154.070
16. Jahr	16.047	21.829	45.950	184.884
17. Jahr	16.529	22.921	50.545	221.860
18. Jahr	17.025	24.067	55.599	266.232
19. Jahr	17.535	25.270	61.159	319.479
20. Jahr	18.062	26.534	67.275	383.374

Haben Sie Ihre € 10.000,- mit 3 % verzinsen lassen, sind aus Ihren € 10.000,- nach 20 Jahren € 18.062,- geworden. Rechnet man die Inflation mit ein, hat sich Ihr Vermögen somit mehr oder weniger nicht erhöht.

Haben Sie Ihre € 10.000,- jedoch mit jährlich 20 % verzinsen können, durch Aktien beispielsweise, sind aus Ihren € 10.000,- nach 20 Jahren sage und schreibe € 383.374,- geworden.

Bei der gleichen Investitionssumme ergibt sich ein Unterschied in Höhe von € 365.312,-!

Wie entscheidend der Zinssatz also ist, haben Sie hiermit erkannt. Eine lange Laufzeit sichert Ihnen gleichzeitig die *Hebelwirkung des Zinseszinses*. Derartig hohe Zinssätze können Sie nur auf dem *Aktienmarkt* realisieren. Natürlich garantiert Ihnen der Handel auf dem Parkett diese Zinssätze nicht. Spekulation gehört zum Geschäft.

Informieren Sie sich vor allem über *Fonds*! Denn Fonds, die ja aus mehreren verschiedenen Einzelaktien bestehen, sind i.d.R. risikoärmer als Aktien. Denn hier wird das Risiko durch Anlage in verschiedenen Unternehmen gestreut.

Andererseits beinhaltet ein erhöhtes Risiko bei Aktien natürlich auch erheblich größere Chancen auf immense Renditen!

Wenn Sie in Aktien und/oder Fonds investieren, ist es sehr wichtig, dass Sie sich nicht nur vorab gut informieren, sondern auch sonst immer Ihre Aktien/Fonds gut beobachten, die aktuelle Wirtschaftslage kennen, etc.

<u>Von den Zinsen leben können</u>

Wenn Sie von Ihren Zinsen leben können, dann haben Sie Ihr Ziel erreicht. Wenn Sie soviel Kapital ansparen konnten, dass Sie das Kapital nicht mehr angreifen müssen, dass Ihnen nur die Zinsen allein einen guten Lebensstandard garantieren, dann sind Sie am Ziel Ihrer finanziellen Laufbahn! Im Hinblick auf unser höchst unsicheres Rentensystem sollten Sie diesen Aspekt nicht von der Hand weisen – eine bessere Rente können Sie sich nicht bieten!

Früher dachte ich auch immer, ich müsste lediglich meinen Monatsverdienst über 30 Tage aufteilen und gleichzeitig vielleicht noch etwas beiseite legen, um mir dann größere Anschaffungen wie Möbel oder einen Urlaub leisten zu können. Dass ich einmal von meinen Zinsen leben könnte, kam mir nie in den Sinn. Wenn Sie aber die oben stehende Tabelle noch einmal betrachten und mit den Zahlen ein wenig spielen, dann werden Sie erkennen, dass ein guter Zinssatz und eine längere Laufzeit, gekoppelt mit einer angemessenen monatlichen Sparrate, Ihre Rente sichern wird! Natürlich kommen Sie schneller an Ihr Ziel, je höher Sparrate und Zins sind. Versuchen Sie, beide Aspekte zu optimieren. Legen Sie die Summe beiseite, die Ihnen immer noch das von Ihnen gewohnte Leben ermöglicht, und versuchen Sie, einen bestmöglichen Zinssatz zu erzielen.

Schulden abbauen und gleichzeitig sparen

Haben Sie Schulden, vereinbaren Sie mit Ihren Gläubigern eine Rückzahlungsrate, die Ihnen gleichzeitig noch erlaubt, Ihr Sparkonto zu erhöhen. Bauen Sie Ihre Schulden ab, und sparen Sie gleichzeitig! Sie werden sich besser fühlen, denn Sie arbeiten gleichzeitig an Ihrer finanziellen Sicherheit. Haben Sie nie etwas gespart, weil alles, was Sie übrig haben, in die Rückzahlung Ihrer Schulden fließt, kann ein kleiner Ausfall wie z.B. Arbeitslosigkeit Sie sofort in den Ruin treiben. Haben Sie trotzdem eine Reserve gehortet, wird Ihnen so eine Problemzeit nicht so viel ausmachen! Und Sie gehen viel sicherer und selbstbewusster mit sich und Ihrer Umwelt um!

Sicherheitskonto

Arbeiten Sie zu allererst an Ihrem Sicherheitskonto. Dieses Konto greifen Sie möglichst nie an. Sie spekulieren auch nicht mit dem Geld. Dieses Konto dient lediglich Ihrer persönlichen finanziellen Sicherheit. Legen Sie nach und nach soviel Geld beiseite, wie Sie benötigen, um mindestens ein halbes Jahr davon wie bisher leben zu können. Mit diesem Konto im Rückhalt kann Sie so schnell finanziell nichts mehr umhauen. Sie haben Sicherheit, Sie sind für Notzeiten gerüstet. Und Sie werden automatisch selbstbewusster und selbstsicherer.

Droht Ihnen beispielsweise Ihr Chef mit der Kündigung, wenn Sie den Auftrag nicht so ausführen, wie er es wünscht, obwohl es gegen Ihre Überzeugung spricht, dann kann Ihnen das ziemlich egal sein – dann soll er Sie doch kündigen! Sie sind vorerst abgesichert! Und weil Sie derart selbstbewusst auftreten, wird er sich unter Garantie Ihren Vorschlag noch einmal sehr genau anhören!

Verdopplerkonto

Hier handelt es sich um eine kleine Spielerei, die aber erhebliche Auswirkungen auf Ihre weitere finanzielle Laufbahn haben könnte. Ich selber liebe dieses *Verdopplerkonto*, weil es mich zwingt, jeden Monat mein Einkommen ein wenig zu erhöhen.

Sie beginnen mit einer gewissen kleinen Summe x. Zu jedem Monatsersten verdoppelt sich dieser Betrag x. Nach und nach müssen Sie also Ihr Einkommen erhöhen, um die Einzahlungssumme leisten zu können. Sie verlangen eine Gehaltserhöhung, Sie suchen sich einen Nebenjob, Sie nehmen weitere Aufträge an, Sie erweitern Ihr Tätigkeitsfeld, usw. Beginnen Sie mit einer kleinen Summe, die Ihnen zeitlichen Spielraum gibt. Und beenden Sie Ihr Konto mit der Summe, die Sie monatlich erreichen möchten. Seien Sie eisern! Geben Sie nicht auf, wenn der Betrag auf einmal zu hoch erscheint. *Suchen Sie neue Einkommensquellen!*

Sicherlich ist dieses *Verdopplerkonto* nicht jedermanns Sache. Aber wenn Sie Spaß an dieser Variante haben, dann wird es Ihnen gehen wie mir: Jeden Monat sehen Sie sich Ihrem finanziellen Ziel einen gewaltigen Schritt näher!

Beispiel für ein Verdopplerkonto:

1. Monat	€ 1,-
2. Monat	€ 2,-
3. Monat	€ 4,-
4. Monat	€ 8,-
5. Monat	€ 16,-
6. Monat	€ 32,-
7. Monat	€ 32,-
8. Monat	€ 64,-
9. Monat	€ 128,-
10. Monat	€ 256,-
11. Monat	€ 512,-
12. Monat	€ 1.024,-
13. Monat	€ 2.048,-
14. Monat	€ 4.096,-
15. Monat	€ 8.192,-
16. Monat	€ 16.384,-
17. Monat	€ 32.768,-
18. Monat	€ 65.536,-
19. Monat	€ 131.072,-

Natürlich können Sie auch mit nur 10 Cent beginnen oder gar mit nur 1 Cent. Und selbstverständlich kann Ihr Limit, Ihr Ziel auch bei z.B. 1.000,- Euro enden...

b) Haushaltsplan

Erstellen Sie sich eine *Einnahme- und Ausgabenliste*. So können Sie schnell feststellen, wo unnötige Ausgabepunkte stecken. Wenn Sie zu den Menschen gehören, die nicht so gut mit Geld umgehen können, dann notieren Sie sich schriftlich für jeden Posten ein gewisses Budget, das Sie wöchentlich oder monatlich nicht überschreiten wollen. Seien Sie diszipliniert – nur dann erreichen Sie Ihr Sparziel!

Beispiel für Ihren Haushaltsplan:

Einnahmen	Datum	Betrag	Datum	Betrag	Datum	Betrag	Monat Summe
Ausgaben	Datum	Betrag	Datum	Betrag	Datum	Betrag	Monat Summe
Miete/Eigenheim							
Wohnnebenkosten							
Kfz							
Lebensmittel							
Kleidung							
Steuern							
Versicherungen							
Kredite							
Kosmetik							
Friseur							
Getränke							
Tierbedarf							
Hobbys							
Bücher							
Restaurantbesuche							
Vergnügen							
Sonstiges							
Ausgaben gesamt							

Selbstverständlich soll obige Tabelle nur ein Beispiel sein. Erstellen Sie Ihren ganz persönlichen Haushaltspan nach Ihren eigenen Vorstellungen und Bedürfnissen.

c) Denken Sie sich reich

Konditionieren Sie Ihr Unterbewusstsein so, dass Sie nur an Reichtum denken. Streichen Sie alle Gedanken an Geldmangel aus Ihrem Bewusstsein. Wischen Sie diese negativen Denkmuster sofort weg, wenn Sie doch wieder negativ denken sollten. Stellen Sie sich so oft wie möglich vor, dass Sie schon jetzt all das besitzen, was Sie sich einmal leisten wollen. Sehen Sie sich dort, fühlen Sie sich dort. Stellen Sie es sich so realistisch wie möglich vor. *Denken Sie nur noch in Reichtum.* Nehmen Sie im Kleinen den Wohlstand schon für gegeben. Kleiden Sie sich entsprechend. Geben Sie sich entsprechend. Verhalten Sie sich entsprechend. Natürlich sollen Sie nicht sich und dem Rest der Welt etwas vorlügen. *Aber glauben Sie fest an Ihren Wohlstand, und er wird Ihnen zuteil werden.*

d) Investieren

Um Ihr Geld gewinnbringend zu vermehren, gibt es selbstverständlich mehrere Möglichkeiten. Wählen Sie die Angebote, die Ihnen ganz persönlich am meisten entsprechen, und holen Sie grundsätzlich so viele Informationen wie nur möglich ein. Vergleichen Sie, werden Sie zu einem Experten auf dem Gebiet, in das Sie investieren möchten. Beziehen Sie auch natürlich gerne Experten mit ein, bitte aber vertrauen Sie diesen nie blind...

Ich persönlich möchte Ihnen zu zwei Anlagemöglichkeiten raten: *Aktienfonds und Immobilien.*

Vergleichen Sie die Erträge von Aktienfonds für den Zeitraum der letzten 10 Jahre. Erkundigen Sie sich über den Fondsmanager. Beobachten Sie die Branche, das Land, usw. Mit Aktienfonds können Sie langfristig gesehen oft sehr gute Renditen erzielen. Und sollte der Markt einer gewissen Flaute entgegensehen, bleiben Sie cool. Er wird sich wieder erholen! Er hat sich immer wieder erholt! Verkaufen Sie nicht, wenn die Kurse niedrig sind! Bleiben Sie standhaft! Sie sollten eher zusätzliche Anteile aufkaufen, wenn die Kurse sozusagen im Keller sind. Die Erholung wird kommen! Selbstverständlich kann niemand genau sagen, wann so eine Erholung kommen wird – es kann auch Jahre dauern! Aber sie wird kommen! So zumindest war es in der Geschichte bisher immer, ausnahmslos. Wichtig aber ist immer, nie „mit der Masse zu schwimmen" und stets über die neuesten Meldungen informiert zu sein.

Investieren Sie grundsätzlich nur Geld, das Sie auch wirklich übrig haben und auf das Sie gut verzichten können. Denn nur so können Sie auch langfristig anlegen. Investieren Sie nie mit geliehenem Geld! Denn Anlagen bieten niemals eine

Garantie – und sollten Sie sich einmal verspekuliert haben, würden Sie vor einem enormen Schuldenhaufen sitzen!

Wenn Sie bereits über gute Sparmodelle verfügen und ein Teil Ihres Geldes bereits in Aktien, Fonds, oder ähnlichem angelegt ist, dann sollten Sie über den Erwerb von *Immobilien* nachdenken. Immobilien garantieren Ihnen selten eine Wertsteigerung, aber ein Eigenheim könnte beispielsweise einen guten Teil zu Ihrer Rente beitragen. Und vermietete Eigentumswohnungen sind eine großartige Möglichkeit, seine monatlichen Einnahmen um einiges zu steigern.

e) Spenden

Tun Sie nicht nur sich selber Gutes, sondern auch Ihrer Umwelt. Spenden Sie denen, die es Ihrer Ansicht nach am nötigsten haben. Und spenden Sie bitte nicht nur zu Weihnachten, um Ihr Gewissen zu erleichtern! Nein, spenden Sie regelmäßig! Sie werden sich um so besser fühlen, wenn Sie andere an Ihrem Wohlstand teilhaben lassen. Und glauben Sie mir: *Wenn Sie von Herzen geben, werden Sie es vielfach zurück erhalten.* Erkundigen Sie sich vorher, an wen Sie spenden, ob Ihr Geld auch zweckgebunden verteilt wird. Wenn möglich, erkundigen Sie sich vor Ort, machen Sie sich ein Bild von Ihrem Spendenobjekt.

9. TIPS UND REGELN

Hier möchte ich Ihnen kurz noch einmal die wichtigsten Ratschläge auflisten, die Ihnen die Umsetzung Ihres Lebenszieles ermöglichen können.

a) Motivationshilfen

Um Sie regelmäßig zu motivieren, gibt es einige wirkungsvolle Tipps und Tricks:

Lebensbuch

Führen Sie ein *Lebensbuch!* Nehmen Sie ein für Sie wertvolles Buch mit leeren Seiten und füllen Sie es mit Ihrem Leben. Ein Lebensbuch ist eine Mischung aus Tagebuch, Erfolgsjournal, Notizzettel und Wunschbuch. Ihr Lebensbuch sollte alles enthalten, was Ihnen als wertvoll zu notieren scheint. Sie können frei wählen. Z. B. können Sie täglich notieren, was Sie heute für Erfolge zu verzeichnen hatten. Sie können Ihre Ziele notieren. Sie können alle Ihre Ideen zu Papier bringen. Seien Sie kreativ! Dieses Buch ist Ihr geheimster Schatz, der nur Ihre Gedanken, Ideen, Wünsche, Erfolge, Zielschritte, usw. enthält. Notieren Sie, was Ihnen wichtig erscheint; notieren Sie, was Ihnen weiterhilft. *Füllen Sie Ihr Lebensbuch mit Ihrem Leben.* Es wird Ihr täglicher Begleiter sein. Und durch das tägliche schriftliche Notieren fixieren Sie Ihre Gedanken, können Sie immer wieder einen Blick auf Ihre Notizen und Bilder werfen. Dadurch, dass Sie sich intensiv mit all Ihren Zielen schriftlich und in Bildern beschäftigen, verfestigen sich Ihre Ziele, Ihre Gedanken, Ihre Ideen. Und oft hilft es auch, Probleme schriftlich zu notieren, die Lösung ist dann oft viel näher, als man vorher dachte.

Traumbuch

Bilder sind das stärkste Mittel, Zielvorstellungen in die Realität umzusetzen. In Ihrem *Traumbuch* können Sie alle Ihre Wünsche in Bildern darstellen. Schneiden Sie Ihre Ziele in Bildform aus Prospekten, Zeitschriften, usw. aus. Am wirkungsvollsten sind die Bilder, wenn Sie ein Foto von sich mit in das Bild integrieren. Schauen Sie sich Ihr Traumbuch so oft wie möglich an. Verinnerlichen Sie sich Ihre Bilder, Ihre Ziele. Machen Sie Ihr Traumbuch zu Ihrem geheimsten Schatz. Ihr Traumbuch wird Ihnen helfen, diese Bilder Wirklichkeit werden zu lassen.

<u>Erfolgsjournal</u>

Wenn Sie an sich selber arbeiten wollen, sich motivieren und positiv denken möchten, ist ein *Erfolgsjournal* eine großartige Hilfe. Suchen Sie sich ein für Sie wertvolles Buch mit leeren Seiten und schreiben Sie, am besten täglich, alles auf, was Sie an diesem Tage für Sie als Erfolg verbuchen konnten. Auch die kleinsten Dinge zählen. Wenn Sie ein Kilo abgenommen haben, notieren Sie es. Wenn Sie einer alten Dame über die Straße geholfen haben, notieren Sie es. Wenn Sie in einer brisanten Situation ruhig geblieben sind, notieren Sie es. Wenn Sie sich endlich aufgerafft haben, morgens 10 Liegestütze zu machen, notieren Sie es. Wenn Sie sich zu dem lange geplanten Englischkurs angemeldet haben, notieren Sie es.

Dieses Buch bestärkt Sie darin, dass Sie Erfolge haben, dass Erfolge im Kleinen beginnen und Sie größer und größer werden lassen. Sie werden automatisch enorm an Selbstbewusstsein gewinnen. Denn dieses *Erfolgsjournal* beweist Ihnen, dass Sie erfolgreich sind. Es beweist Ihnen, dass man auch in kleinen Schritten nach und nach eine Menge erreichen kann. Und es beweist Ihnen, das ein jeder Tag seine positiven Seiten hat. Auch lehrt es Sie, in jeder Kleinigkeit etwas Positives zu finden. Es wird Sie bestärken, es wird Sie motivieren.

Nehmen Sie sich am besten jeden Abend zu einer festgelegten Uhrzeit einige Minuten der Ruhe, setzen Sie sich an einen Ort, wo Sie entspannen können, wo Sie ungestört sind. Und dann führen Sie Ihr *Erfolgsjournal* ganz alleine für sich, *schließen eine positive Bilanz des jeweiligen Tages.* Ich versichere Ihnen: Es wird Ihnen verdammt gut tun!

<u>Haushaltsbuch</u>

Wenn Sie das Gefühl haben, mit Ihren Finanzen nicht so richtig zurechtzukommen, dann rate ich Ihnen zu einem *Haushaltsbuch.* Notieren Sie hier täglich in einer sauberen Liste alle Ihre Ausgaben, alle Ihre Einnahmen. Kontrollieren Sie sich. Aber schummeln Sie nicht – belügen Sie sich niemals selber! Denn dieses Haushaltsbuch ist allein für Sie bestimmt, für Sie und für die Verbesserung Ihrer finanziellen Situation. Dieses Buch wird Ihnen aufzeigen, wo Sparpotentiale liegen. Und durch diese tägliche Aufzeichnung werden Sie automatisch bei jedem Kauf, den Sie tätigen, vorher erst einmal überlegen, ob diese Sache wirklich nötig ist. Fragen Sie sich immer: *Brauche ich das wirklich?* Und schließlich werden Sie durch dieses *Haushaltsbuch* in der Lage sein, zu sparen, sich also Sicherheiten zuzulegen.

<u>Motivationsbilder</u>

Hängen Sie Bilder auf, die Sie motivieren. Dies können Collagen Ihrer Ziele sein; es können einzelne Zielbilder sein, es können Sie motivierende Sprüche sein. Seien Sie kreativ! Hängen Sie sich das auf, was Sie motiviert. Hängen Sie Bilder auf, die Ihre Zukunft darstellen. Plazieren Sie Ihr Bild dort, wo Sie es so oft wie möglich anschauen.

Sie können auch einen *Jahreskalender* gestalten, der Ihnen jeden Monat eine neue Motivation, einen positiven Spruch oder eines Ihrer Ziele darstellt. Vergessen Sie nie: Diese Bilder dringen in Ihr Unterbewusstsein. Und Ihr Unterbewusstsein wird die ihm eingegebenen Bilder umsetzen!

<u>Tarot</u>

Das Kartenlegen ist sicherlich nicht jedermanns Sache. Haben Sie aber Interesse daran, möchte ich Ihnen das Legen von Tarotkarten ans Herz legen. Gehen Sie spielerisch mit diesen Karten um. Nehmen Sie sie als Hilfe. Suchen Sie Rat bei Ihren Karten. Aber interpretieren Sie sie immer neutral – interpretieren Sie niemals das hinein, was Sie gerne hätten. Denn dann würden Sie sich selber belügen. Wann immer ich beispielsweise nach der Lösung eines Problems suche, frage ich meine Karten. Und sie helfen mir weiter, regen mich zum Nachdenken an. Sogar einigen Freunden, die sonst mit derlei Spielchen überhaupt nichts im Sinn haben, lege ich bei schwierigen Fragen die Karten. Dadurch lenke ich ihre Gedankengänge automatisch oft in die richtige Richtung. Also, wenn es Ihnen Spaß macht, dann nutzen Sie die *Tarotkarten* als Lebenshilfe – mehr aber auch nicht.

b) Tägliche Hilfen

Wie können Sie sich täglich neu motivieren und jeden Tag Ihren Zielen einen Schritt näher kommen? *Mit Disziplin!*

<u>Das Wichtigste zuerst</u>

Was du heute kannst besorgen, das verschiebe nicht auf morgen! Machen Sie Ihre Aufgaben *dringlich!* Wenn Sie sofort erledigen, was wichtig ist, dann haben Sie den Kopf frei für weitere Angelegenheiten und Mußestunden. Schieben Sie dringende Angelegenheiten jedoch immer wieder auf, so können Sie sich niemals auf das konzentrieren, was Sie im Augenblick gerade tun – denn Sie denken automatisch immer daran, was Sie eigentlich erledigen wollten bzw. sollten.

Fazit: Erledigen Sie das Wichtigste immer zuerst! Denn danach haben Sie den Kopf frei für alles Weitere.

<u>Tagesplan</u>

Nehmen Sie sich morgens in Ruhe einige Minuten Zeit und notieren Sie sich alles, was Sie heute auf jeden Fall erledigen wollen. Und an diesen Plan halten Sie sich! Haken Sie nach und nach ab, was Sie geschafft haben. Versuchen Sie diese Methode, und Sie werden stolz auf sich sein. Setzen Sie aber nie zu viel auf diese Liste! Notieren Sie nur das, was wirklich heute fällig ist. Alles andere können Sie z. B. unter einer Rubrik „eventuell" festhalten. Wenn Sie Ihre notierten Punkte erledigt haben, können Sie in Ruhe den nicht so wichtigen Dingen des Tages nachgehen, den Dingen, die Sie schon immer tun wollten, den Dingen, die Ihnen Spaß machen. Sie haben dann den Kopf frei für alles, was Ihnen Freude bringt. Und mit Hilfe dieser Liste haben Sie den Kopf auch für alles weitere frei. Denn Sie müssen nicht andauernd nachdenken, was Sie alles noch vorhatten. Ihre Liste übernimmt dieses. Ihr Kopf ist nun frei für andere Sachen.

Tagesplan		
Dringend erledigen	Eventuell erledigen	Wenn Zeit ist

<u>To-do-Liste</u>

Bei größeren Projekten empfehle ich Ihnen eine *To-do-Liste*. Schreiben Sie vorerst wahllos alle Stichworte auf, die Ihnen in den Sinn kommen. Ergänzen Sie diese Liste nach und nach. Und wenn Sie meinen, alle Punkte aufgeführt zu haben, sortieren Sie Ihre Liste nach Wichtigkeit bzw. Fälligkeit. Sie werden sehen, Sie rennen nicht mehr planlos durch Ihr Leben, sondern Sie organisieren sich selbst auf Ihre Ziele hin.

Beispiel für Ihre To-do-Liste:

To-do-Liste	
Projekt:	
Stichwortsammlung	
Prioritäten	**erledigt**
1.	
2.	
3.	
4.	
5.	
6.	
7.	
8.	
9.	
10.	

c) Entspannung

Es gibt verschiedene Formen und Möglichkeiten der *Entspannung*. Probieren Sie sie aus! Wichtig ist nur, dass Sie sich regelmäßig Momente der Muße und Ruhe gönnen, in denen Sie in sich gehen, in denen Sie loslassen, in denen Sie nur auf sich selbst achten.

Meditation

Gönnen Sie sich einmal am Tag zu einer festen Uhrzeit, am besten kurz nach dem Aufstehen oder kurz vor dem Einschlafen, einige Minuten der totalen Entspannung. Suchen Sie einen Ort, wo Sie sich wohl fühlen, der Ruhe ausstrahlt, wo Sie allein sind. Schließen Sie Ihre Augen und atmen Sie bewusst und regelmäßig. Dann wiederholen Sie sich innerlich ruhig und in Bildern Ihre ganz persönlichen Affirmationen.

Hier ein Beispiel für einen Meditationstext:

Ich bin entspannt.
Ich atme tief, ruhig und bewusst.
Ein warmes, leuchtendes, goldenes Licht kommt auf mich zu.
Dieses warme, leuchtende, goldene Licht durchströmt meinen Kopf, mein Gehirn, mein Gesicht, meinen Hals.
Dieses warme, leuchtende, goldene Licht durchströmt meinen Nacken, meine Schultern, meinen Rücken.
Dieses warme, leuchtende, goldene Licht durchströmt meine Brust, meinen Bauch, meine inneren Organe.
Dieses warme, leuchtende, goldene Licht durchströmt meine Beine, meine Füße.
Dieses warme, leuchtende, goldene Licht heilt.
Das Licht beschützt mich, hält mich gesund und gibt mir Kraft und Energie.
Das Licht beschützt alle Menschen und Tiere, die mir am Herzen liegen.
Ich bin dankbar, dankbar dafür, dass es uns so gut geht, dass wir gesund sind und in Liebe leben.
Wir sind reich und gesund.
Alles Gute kommt auf uns zu.
Wir haben immer Geld im Überfluss, wir können uns alles leisten, was wir uns nur wünschen.
Unser Vermögen nimmt von Tag zu Tag zu.
Alles ist wundervoll, und weil wir Gutes geben, erhalten wir Gutes.
Danke.
Heute ist ein wundervoller Tag, den ich mit absoluter Liebe, Energie, Gesundheit, Kreativität und Harmonie ausfülle.
Danke.

Selbstverständlich sollten Sie Ihre *Affirmationen* Ihren persönlichen Vorstellungen und Zielen anpassen. Wiederholen Sie die einzelnen Sätze so oft wie möglich.

Diese Meditation unterstützt die Arbeit Ihres Unterbewusstseins, sie gibt Ihnen Kraft, und sie entspannt Sie.

<u>Atmen</u>

Eine großartige Möglichkeit, seine Energien zu sammeln, besteht darin, 20 x bewusst zu atmen. Setzen oder legen Sie sich wieder an einen angenehmen, ruhigen Ort, wo Sie am besten alleine und ungestört sind. Schließen Sie Ihre Augen, und atmen Sie 20 x bewusst ein und aus. Denken Sie während dieses Atmens an nichts, absolut nichts. Wenn Ihre Gedanken umherschwirren, jagen Sie sie fort. Dies bedarf einiger Übung, aber Sie werden sich hiernach wie neu geboren fühlen. Probieren Sie es aus! Sie werden sich danach großartig fühlen!

IV. AUSSENWELT

Betrachten wir jetzt all das, was um Sie herum geschieht: Ihre Umgebung, Ihren Umgang, Ihre Umwelt, Ihr Zuhause.

1. KONTAKTE

Jeder Mensch ist anders. Der eine liebt es, immer in Gesellschaft zu sein, der andere ist lieber für sich alleine. Es gibt keine Norm, keine Empfehlung. Wichtig ist nur, dass Sie sich so verhalten, wie Sie selber sich wohl fühlen. Sicherlich ist es aber auch wichtig, als Mensch, der lieber alleine ist, auch seine Kontakte zu pflegen. Und genauso wichtig ist es, als Mensch, der lieber in Gesellschaft ist, auch das Alleinsein genießen zu können.

a) Umfeld

Betrachten wir hier nur einmal Ihre Freunde und Bekannten. Sind Sie wirklich mit all Ihren Freundschaften zufrieden, oder pflegen Sie so genannte Freundschaften nur der Routine zuliebe oder aus Nettigkeit? Ich habe es mir schon lange abgewöhnt, mich mit unliebsamen Bekannten unnötig herumzuplagen. Wenn mich die Gesellschaft einer bestimmten Person mehr belastet denn erfreut und sich auf Dauer gesehen daran auch nichts ändern wird, dann beende ich diesen Kontakt, diese Beziehung. Und zwar ausnahmslos. Meine Zeit ist viel zu kostbar, als dass ich sie mit mir nicht gut tuenden Menschen verbringe.

Suchen Sie sich gezielt die Personen aus, in deren Gesellschaft Sie sich wohl fühlen. Sie müssen nicht mit jedem auskommen! Es ist auch völlig egal, was Ihr sonstiges Umfeld von Ihren Beziehungen hält – Sie allein müssen mit den Personen auskommen, die um Sie herum sind.

Mir selber wurde früher jahrelang vorgeworfen, ich hätte doch so wenige Freunde. Stimmt. Aber ich fühle mich wohl so, wie ich lebe, heute genauso wie früher. Die Freunde, die ich habe, das sind richtige, gute, verlässliche Freunde, Menschen, die mir etwas geben, Menschen, denen ich etwas geben kann. Ich langweile mich im Umgang mit Personen, die mir keine Inspiration, keine Lebensweisheiten, keine Vorbilder, keine Informationen, keine neue Ansichten bieten können. Lange habe ich als Kind und Teenager darunter gelitten, da mir eingeredet wurde, dass es doch schlecht sei, wenig Freunde zu haben. Bis ich endlich für mich erkannte: Es ist mein Leben! Und in meinem Leben gibt es sehr wohl sehr gute Freunde. Und diese sind mir viel wichtiger als ein riesig großer Bekanntenkreis von ewigen Langweilern! Und seitdem ich offen hierzu stehe und meine Meinung vertrete, gilt meine Einstellung auch nicht mehr als schlecht oder verkehrt. Im übrigen bin ich auch ein Mensch, der um einiges lieber alleine ist als seine Zeit mit uninteressanten Personen zu vergeuden. Und ich liebe es!

Sicherlich ist nicht jeder so wie ich – das wäre ja auch langweilig! Ich möchte nur betonen, dass Sie selber entscheiden, wie sich Ihr Freundeskreis aufbaut. Sie selber entscheiden – lassen Sie sich von niemandem sonst etwas vorschreiben!

Gibt es in Ihrem Umfeld auch Personen, die ewig negativ denken, die immerzu neidisch und missgünstig sind? Wenn auch nach mehreren klärenden Gesprächen oder Besserungsversuchen Hopfen und Malz verloren ist, hilft nur eins: *Meiden Sie diese Menschen!* Sie können es sich nicht leisten, sich Ihr Leben versalzen zu lassen! Es ist viel zu kostbar! Vor allem sollten Sie diejenigen Menschen meiden, nach dessen Umgang Sie sich jedes Mal stundenlang aufgeregt haben. Sie sind es nicht wert! Seitdem ich persönlich solche Menschen meide – selbstverständlich immer erst nach Schlichtungsversuchen – ist mein Leben um einiges entspannter.

Stattdessen sollten Sie den Umgang mit *Vorbildern* für Sie pflegen. Treffen Sie Leute, die das haben, leben oder wissen, was Sie persönlich anstreben. Dieser Umgang wird Sie ungemein bereichern, Sie lernen dazu, Sie bekommen automatisch mit, was nötig ist, um diese Ziele zu erreichen. Es ist nicht immer einfach, diesen Personenkreis ausfindig zu machen. Doch die Mühe lohnt sich. Denn diese Menschen, die es geschafft haben, werden Sie mitreißen, werden Sie begeistern, werden ihre positiven Energien auf Sie übertragen.

Wenn Sie beispielsweise reich sein wollen, lernen Sie Menschen kennen, die bereits Millionäre sind. Begeben Sie sich in deren Umfeld, besuchen Sie entsprechende Restaurants, Lokalitäten, Sportveranstaltungen. Möchten Sie sich vielleicht mehr im Umweltschutz engagieren, treten Sie entsprechenden Organisationen bei, beteiligen Sie sich an Umweltschutzmaßnahmen. Sie werden immer einen Weg finden, auf Ihre Vorbilder zu treffen. Suchen Sie nach Möglichkeiten!

b) Expertennetzwerk

Früher dachte ich immer, ich könne doch alles alleine. Und was ich nicht kann, das kann ich ja lernen. Sicherlich, wenn da nicht so ein kleiner Haken wäre – und das ist der Faktor Zeit. Denn leider hat niemand von uns soviel Zeit, dass er auf jedem einzelnen Gebiet ein wirklicher Experte werden könnte.

Sicherlich kann man jedoch alles lernen. Die Frage ist nur: Will und kann ich wirklich alles lernen? Oder gibt es da auch Dinge, die jemand anders schon viel länger viel besser kann als ich? Experte kann man nur in etwas sein, mit dem man sich seit Jahren intensiv, ausgiebig und mit Begeisterung beschäftigt. Solange es nur um Kleinigkeiten geht, kann man sich sicherlich auch selber um die jeweilige Angelegenheit kümmern. Doch sobald es etwas mehr ins Eingemachte geht, ist die Hilfe von Experten unumgänglich.

Das Schwierige ist nur: Wo finde ich den entsprechenden Experten? Wenn ich einen Steuerberater benötige, ist der nächst beste noch lange kein Experte. Er mag vielleicht Steuerberater sein, doch zu einem Experten gehört noch viel mehr. Ein Experte ist grundsätzlich immer nur einer der besten auf seinem Gebiet. Was nützt Ihnen ein Steuerberater, wenn er die kniffligsten Steuertricks nicht kennt, die Ihnen bares Geld wert sein würden? Was nützt Ihnen ein Anwalt, wenn er nur das Nötigste erledigt, nicht aber mit allen Tricks kämpft? Was nützt Ihnen ein Handwerker, der Ihre Anweisungen ausführt, Sie aber nicht auf diese und jene besseren Möglichkeiten hinweist?

Und gerade hier liegt das Problem: Wenn eine Sache akut ist, haben Sie keine Zeit mehr, einen Experten auf dem jeweiligen Gebiet auszumachen. Sie können es sich in der Regel nicht erlauben, den jeweiligen Service erst auszuprobieren. Wenn ein Anwalt Sie vertreten soll, vertritt er Sie. Und wenn er seine Sache schlecht macht, dann ist das Spiel verloren. Versuchen Sie, im Laufe Ihres Lebens Experten ausfindig zu machen. Decken Sie so viele Bereiche wie möglich ab. Pflegen Sie diese Beziehungen. Und wenn auch Sie ein Experte auf Ihrem Gebiet sind, wird Ihr Experte im Gegenzug auch gerne die Beziehung zu Ihnen pflegen!

Wie kommt man nun an diese Experten heran, ohne vorher immer wieder auf die Nase zu fallen? Ja, diese Antwort hätte ich auch gerne. Es gibt keine Patentlösung. Sie müssen sich langsam durchtasten. Lassen Sie sich Empfehlungen von Freunden und Verwandten geben. Testen Sie sich in unverbindlichen Gesprächen langsam an Ihre Experten heran. Oft können Sie in Gesprächen schon ein wenig heraushören, ob es sich wirklich um einen Experten handelt. Und dann testen Sie die Person Ihrer Wahl in kleinen Aufgaben. Fragen Sie den neuen Steuerberater beispielsweise über eine bestimmte Form der Steuerersparnis aus. Bewerten Sie dann in Ruhe seine Auskunft. Selbst wenn dieser Tipp ein gewisses Honorar fordert, wird es Sie immer noch günstiger kommen als ihm gleich Ihre gesamte Buchhaltung anzuvertrauen.

Glauben Sie mir, ein Expertennetzwerk ist verdammt wichtig. Bauen Sie es auf; wenn Sie plötzlich darauf zurückgreifen müssen, wird es Gold wert sein!

2. FREUNDE

Richtige Freunde sind Menschen, auf die man sich einhundertprozentig verlassen kann. Wenn Not am Mann ist, stehen sie parat. Wenn Sie Hilfe brauchen, helfen sie. Und richtige Freunde verstehen auch, wenn Sie beispielsweise auch einmal Ihre Ruhe haben möchten. Mit richtigen Freunden fühlen Sie sich wohl, unternehmen Sie gerne etwas, haben Sie Spaß. Denken Sie immer daran: *Richtig gute Freunde sind tausendmal wertvoller als ein Haufen flüchtiger Bekannter!*

Und wenn Sie wirklich Menschen gefunden haben, die Sie als Ihre richtigen Freunde bezeichnen können, dann pflegen Sie diese Freundschaften!

Suchen Sie Ihre Freunde dort, wo Sie gleiche Interessen vermuten. Denn dann haben Sie die Chance, wirklich auf Menschen zu treffen, die Ihnen liegen, die Ihnen etwas geben, mit dessen Umgang Sie sich wohl fühlen.

Behandeln Sie Ihre Freunde stets so, wie auch Sie behandelt werden wollen! Wenn es Ihnen wichtig ist, dass Ihre Freunde notfalls für Sie Tag und Nacht da sind, dann müssen auch Sie hierzu bereit sein! Wenn Sie Wert darauf legen, dass Ihre Freunde Ihnen stundenlang zuhören, dann müssen auch Sie ihnen stundenlang zuhören können! Wenn Sie wünschen, dass Ihre Freunde auch mal akzeptieren, dass Sie wochenlang keine Zeit für sie haben, dann müssen Sie umgekehrt auch dann dafür Verständnis haben, wenn Ihre Freunde sich bei Ihnen einmal über Wochen nicht melden.

Ein wahrer Freund ist ein Mensch, dem ich alles anvertrauen kann, bei dem ich mich nicht verstellen muss, der mich mit all meinen Fehlern so akzeptiert, wie ich nun einmal bin.

Und wenn ich meinen Lebenspartner, meine Kinder, meine Eltern als meine besten Freunde bezeichnen kann, dann habe ich mir einen Grundstock an Freundschaften geschaffen, der wertvoller nicht sein könnte.

3. FAMILIE

Sicherlich ist nicht jedermann ein Familienmensch. Leider ist auch nicht jede Familie das, was sie eigentlich sein sollte. Doch Ihre Familie ist einzigartig. Wie wertvoll ist doch die Beziehung zu den Eltern, zu den Kindern. Immer unter der Voraussetzung, dass es sich wirklich um eine intakte Familie handelt. Noch wertvoller als sehr gute Freunde ist eine harmonische Familie. Wenn möglich, suchen Sie den bestmöglichen Kontakt zu Ihren Familienmitgliedern. Denn Ihre Familie wird immer zu Ihnen stehen, egal, was auch passieren sollte. Auf Ihre Familie können Sie sich im Ernstfall verlassen! Es gibt keinen schöneren Zufluchtsort als den Schoß der Familie!

Sollten Sie jedoch nicht das Glück haben, über liebevolle Eltern und Geschwister zu verfügen, versuchen Sie erst einmal, einen positiven Kontakt herzustellen. Die Mühe, die Familie zusammenzuführen, ist immer ihren Aufwand Wert. Ist nach Ihren Versuchen dennoch keine Harmonie herzustellen, oder ist Ihr Verhältnis derart unheilbar zerstört, dann trennen Sie sich von Ihrer Familie! Genauso wie Sie sich von unredlichen Freunden trennen, trennen Sie sich von Ihrer Familie! Eine Familie ist nur dann etwas wert, wenn es auch wirklich eine Familie ist! Ist Ihre Familie aber lediglich eine Ansammlung von Menschen, bei dessen Zusammentreffen immer wieder die größten Disharmonien, Meinungsverschiedenheiten, Streitigkeiten auftreten, dann verzichten Sie auf diese Zusammentreffen!

Ihre Freunde können Sie sich aussuchen, Ihre Familie nicht. Wenn Ihre Familie nun einmal nicht so ist, wie Sie sie gerne sehen würden, dann müssen Sie sie entweder so akzeptieren, wie Sie ist, oder eben das Wort *Familie* aus Ihrem Wortschatz streichen. *Erzwingen können und sollten Sie nichts.*

Und wenn Sie wieder einmal einen Pflichtbesuch abhalten müssen, dann fragen Sie sich, ob Sie in Wirklichkeit nicht doch gerne hingehen oder ob Sie es wirklich als notwendiges Übel betrachten. Und dann ziehen Sie die Konsequenzen aus Ihrer Antwort!

Versuchen Sie aber auch immer, sich in die Position des anderen Familienmitgliedes hinein zu versetzen. Ihre Großmutter sieht gewisse Dinge nun einmal anders als Sie. Auch Ihre Kinder haben garantiert eine andere Auffassung in mancherlei Hinsicht als Sie. Und sicherlich hat auch ein Rentnerehepaar mehr Zeit als ein berufstätiges Ehepaar mit Kindern! Berücksichtigen Sie dieses, wenn Sie die Ansichten Ihrer Verwandten wieder einmal nicht verstehen können.

Natürlich muss es immer mal wieder Schwierigkeiten geben, wenn verschiedene Generationen an einem Tisch sitzen. Haben Sie aber schon einmal versucht, dies nicht als Generationenkonflikt sondern als *Lebensbereicherung* zu sehen?

Ich beispielsweise weiß ganz genau, dass es gewisse Themen gibt, mit denen ich entweder nicht mit meiner Mutter oder nicht mit meiner Oma reden kann. Wir sind da einfach unterschiedlicher Meinung. Und da die Diskussionen jedes Mal mit einer allgemeinen Unzufriedenheit enden, habe ich es mir schon lange zur Gewohnheit gemacht, eben diese gewissen Themen gar nicht erst anzusprechen. Das können Sie auch! Viel lieber lausche ich doch da den wirklich von Herzen kommenden Ratschlägen meiner Mutter oder den spannenden Geschichten vergangener Zeiten meiner Oma. Und auch wenn ich es manchmal einfach nicht mehr hören kann, dieses „Kind, du meldest dich aber auch nie", so rührt es mich doch insgeheim, dass die Sehnsucht, mich zu sehen, immer noch da ist.

Wichtig ist mir an dieser Stelle aber auch, dass Sie sich nie von Ihrer Familie unterdrücken lassen sollten! Wenn Sie sich in irgendeiner Weise bedrängt fühlen, versuchen Sie vorerst, dieses Problem anzusprechen. Ändert sich dann aber an dem Verhalten des anderen immer noch nichts, dann erhöhen Sie Ihren Abstand! Familie heißt für den anderen, wenn nötig, da zu sein. *Familie heißt aber nicht, die geheimen Wünsche der anderen bedingungslos zu erfüllen.* Auch im Bereich der Familie sollten Sie nie vergessen: Es ist Ihr Leben!

4. ZUHAUSE

Mein Zuhause ist der Ort, wo ich mich geborgen fühle, wo ich gerne lebe. Mein Heim ist mein Zuhause. Ob Sie in einer Mietwohnung leben, im Eigenheim, im Schloss oder im Wohnwagen – es ist Ihr Zuhause! Sicherlich hat jeder Mensch eine andere Vorstellung davon, wie dieses Zuhause aussehen soll. Aber es sollte immer so sein, dass Sie sich auch wirklich dort wohl fühlen. Mit Geld hat dies nichts zu tun! Ihr Zuhause sollte ein Ort der Zuflucht sein, Ihr *Refugium,* in das Sie sich behaglich zurückziehen können. Gestalten Sie Ihr Heim so, dass Sie sich rundum wohl fühlen.

Wenn Sie es gerne kuschelig haben, dann kreieren Sie einen romantischen, warmen Ort. Wenn Sie es gerne stilvoll haben, dann richten Sie sich mit Stil ein. Wenn Sie pinkfarbene Räume lieben, dann gestalten Sie Ihre Räume in Pink. Wenn Sie es eher nüchtern schätzen, dann belassen Sie alles nur mit der Einrichtung des wirklich Notwendigen. Machen Sie Ihr Heim zu dem, was es sein sollte: Ihr Heim!

Vergessen Sie die Ansichten Ihrer Familie, Ihrer Freunde, Ihrer Geschäftspartner. Sie leben dort – Sie allein! Leben Sie mit einem Partner zusammmen, richten Sie sich so ein, dass der Geschmack von beiden vereint wird. Ist dies absolut nicht möglich, gestatten Sie jedem eine persönliche Ecke oder ein eigenes Zimmer, das nur der eine Partner allein nach seinem Gusto gestaltet.

Wenn Sie Lust dazu haben, dann experimentieren Sie. Seien Sie kreativ, schaffen Sie Atmosphäre. Bei uns zu Hause zum Beispiel brennen abends immer mehrere Kerzen. Dieses Licht ist entspannend, harmonisch, beruhigend, stimmungsvoll. Und wir lieben Duftkerzen, Räucherstäbchen. Manchmal versprühe ich einfach in jedem Zimmer ein wenig Parfum. *Lichter, Düfte, Farben* – experimentieren Sie selber an der Atmosphäre, die Ihnen liegt. Und scheuen Sie sich nicht, Farben in Ihre Umgebung zu bringen. Weiße Wände sind edel, strahlen Sauberkeit aus, sind hell – und manchmal ziemlich langweilig. Spielen Sie mit den Farben! Warme rötliche Töne beispielsweise wirken entspannend. Grelle leuchtende Farben können Energien freisetzen. Lassen Sie sich inspirieren! Wichtig ist nur eins: Sie sollen und müssen sich absolut wohl fühlen, dort, wo Sie zuhause sind.

Und nie, oder sagen wir selten, ist die Gestaltung eine Frage des Geldes. Alte Sofas kann man mit bunten Überwürfen wie neu aussehen lassen. Fröhliche Vorhänge kann man sich recht einfach selber nähen. Ein mit Liebe bemalter Pappkarton wird der edelste Tisch bei Ihnen sein. Eine einfache Matratze als Bett, mit einer schönen Überdecke verziert, wird viel mehr wirken als ein Designerbett ohne persönliche Note! Probieren Sie es aus! Seien Sie einfach ein wenig kreativ! Und wenn Ihnen doch der Draht zu so viel Kreativität fehlt, suchen Sie Rat bei einer Freundin oder Verwandten – es gibt immer den einen oder anderen Menschen, der förmlich aufblüht, wenn er kreativ werkeln kann – auch für andere!

Mit liebevollen *Accessoires* können Sie ein Übriges tun, sich gemütlich einzurichten. Hängen Sie schöne *Bilder* auf. Übrigens, auch hier kann Ihnen ein bisschen Kreativität nützlich sein. Oft sind in Kalendern die schönsten Motive enthalten. Heben Sie diese Kalender auf und rahmen Sie sie nach der Jahreswende ein – ein preisgünstiges, wundervolles Bild! Und denken Sie auch an *Pflanzen*. Kaum ein Accessoire schafft soviel Atmosphäre wie Pflanzen – und Blumen! Probieren Sie es aus! Sie werden begeistert sein! Und sagen Sie nie: Ich kann mit Blumen nicht umgehen. Wenn Sie es wollen, dann können Sie es auch!

5. KINDER

Kinder sind etwas Wunderbares. Was gibt es Schöneres als das Lächeln eines Kindes? Kinder sind unbefangen, natürlich, leben für den Augenblick. Kinder haben noch all das, was wir im Laufe unseres Lebens verlernt und vergessen haben. Wie viel können wir doch von unseren Kindern lernen?!

a) Sich kümmern

Kinder sind oft schutzlos, hilflos. Die Kinder sind auf uns Erwachsene angewiesen. Und deshalb ist es unsere Verpflichtung, uns um die Kinder dieser Welt zu kümmern. Nicht nur unser eigener Nachwuchs, auch die Kleinen des Nachbarn und die Nachkommen in anderen Ländern bedürfen unserer Unterstützung. Helfen Sie, wo Sie helfen können. Wenn Kinder in der dritten Welt Hunger leiden, dann tun Sie etwas – spenden Sie! Wenn Sie das Gefühl haben, dass mit dem Nachbarsjungen etwas nicht in Ordnung ist, dann kümmern Sie sich! Sie sollen sich natürlich nicht unnötig einmischen, aber Sie können sich erkundigen. Wie viele traurige Meldungen gab es schon, dass kleine Kinder verhungert sind und die Nachbarn nichts bemerkt haben wollen. Seien Sie aufmerksam – und schauen Sie nicht weg! *Unsere Kinder sind unsere Zukunft* – denken Sie immer daran!

b) Kinderwunsch

Mit der Entscheidung, ein Kind in die Welt zu setzen, starten Sie eine ungeheure Verantwortung. Machen Sie sich diese Verantwortung bewusst, und überlegen Sie genau, ob Sie dazu auch wirklich bereit sind! Wenn nicht, dann verschieben Sie Ihren Kinderwunsch! Keiner zwingt Sie, ein Kind in die Welt zu setzen außer Sie selber – denken Sie immer daran!

Etwas anderes ist es, wenn ein Baby bereits unterwegs ist – auch ungewollt. Sicherlich hat jede Frau das Recht, über Ihren Körper und ihr Leben frei zu entscheiden. Aber hat sie auch das Recht, über ein ungeborenes Leben zu entscheiden? Ich weiß, dass es sich keine Frau leicht macht, einer Abtreibung zuzustimmen. Ich möchte hier aber an alle diejenigen Frauen appellieren, die vielleicht gerade mit diesem Gedanken spielen. Bei Extremfällen wie einer Vergewaltigung ist eine Abtreibung sicherlich die einzig richtige Entscheidung. Aber bei allen anderen nicht derart gravierenden Umständen sollte sich jede Frau inständig überlegen, ob das kleine Wesen unter ihrem Herzen nicht ein Recht darauf hat, diese Welt kennen zu lernen.

Sie wünschen sich sehnlichst ein Kind – es klappt aber nicht? Haben Sie sich schon einmal Gedanken darüber gemacht, dass Sie im Moment vielleicht noch gar kein Kind haben sollen? Vielleicht wäre einige Jahre später ja ein viel besserer Zeitpunkt? Stellen Sie sich diese Frage – und akzeptieren Sie, dass es im Moment noch nicht sein soll.

Es gibt auch kaum etwas Schlimmeres, als sein ganzes Leben davon abhängig zu machen, ob man ein Kind hat oder nicht. Wenn Ihnen Ihr Leben wenig wert erscheint ohne Kinder, dann sollten Sie erst einmal daran arbeiten, sich selbst und das Leben für sich zu lieben! Dann erst werden Sie für ein Kind bereit sein – und dann erst wird es auch geschehen!

Machen Sie bitte nie Ihr eigenes Leben und das Leben Ihres Partners davon abhängig, dass Sie ein Kind erwarten! Es gibt noch etwas anderes, als eine eigene Familie zu gründen! Wenn Sie sich tatsächlich diesen Zwang auferlegt haben sollten, wird sich mit großer Wahrscheinlichkeit keine Schwangerschaft einstellen. Denn Sie sind verkrampft, drängen sich selber. Entspannen Sie sich! Lassen Sie es auf sich zukommen! Genießen Sie das Leben wie es ist, genießen Sie das Heute! Und mit der Entspannung wird auch das geschehen, was sein soll!

Selbstverständlich sollten Sie bei einem Kinderwunsch in entspannter Weise Ihr Unterbewusstsein so programmieren, dass Sie sich in Worten und Bildern schon jetzt als glückliche Eltern sehen. Seien Sie beharrlich – und es wird geschehen!

Und wenn es aus irgendwelchen Gründen unmöglich sein sollte, dass Sie eigene Kinder bekommen, dies aber Ihr Wunsch ist, so denken Sie über Alternativen nach! Es gibt bestimmt ein Kind auf dieser Welt, dass dankbar darüber sein wird, von Ihnen aufgenommen zu werden!

6. TIERE

So wie die Kinder unsere Hilfe benötigen, so bedürfen es auch die Tiere. In unserer Zivilisation sind Tiere auf den Menschen angewiesen – also sind wir auch für die Tiere verantwortlich!

a) Tiere sind keine Sachen

Auch wenn unser Gesetz höchst bedauerlicher Weise etwas anderes besagt, sollte Ihnen immer klar sein: *Tiere sind keine Sachen!* Ein Tier ist ein lebendes Wesen mit Empfindungen, mit Seele, mit Charakter. Ein Tier braucht Liebe, Freiheit, Zuneigung. Unser Haustier genauso wie die Wildtiere, die Tiere im Zoo und im Tierpark. Sie alle haben es verdient, geachtet zu werden!

Wenn Sie sich ein Haustier anschaffen möchten, überlegen Sie sich gut, ob Sie die Verantwortung für mehrere Jahre bzw. Jahrzehnte tatsächlich übernehmen können und möchten. Wenn Sie bereit sind, notfalls eben nicht in den Urlaub zu fahren, weil Sie niemanden finden, der sich um Ihr Tier kümmert, wenn Sie dazu bereit sind, dann erst sind Sie auch für ein Haustier bereit!

Vor allem, wenn Sie nur Ihren Kindern zuliebe einen neuen Hausgenossen aufnehmen möchten, machen Sie sich und Ihren Kindern bitte bewusst, dass es sich dabei *nicht um ein Spielzeug* handelt, das man in die Ecke stellen kann, wenn man zum Spielen gerade keine Lust mehr hat! *Ein Tier ist kein Spielzeug!* Wenn sich Ihr Kind ein Tier wünscht, dann muss auch ihm vorher die Verantwortung bewusst sein, die es mit dieser Anschaffung übernehmen wird. Ihr Kind muss sich um dieses Tier kümmern, sich mit ihm beschäftigen, es füttern, ihm Freiheit lassen, es artgerecht halten und pflegen. Nur wenn Ihr Kind hierfür reif genug ist oder aber Sie selber garantiert alle diese Aufgaben übernehmen können und wollen, sollten Sie sich für ein Haustier entscheiden!

Erkundigen Sie sich vor der Anschaffung grundsätzlich ausführlich über die Bedürfnisse Ihres zukünftigen Hausgenossen. Und wenn das Tier dann im Hause ist, integrieren Sie es in die Familie! *Sorgen Sie für Ihr Tier wie für ein Kind!* Es ist jetzt von Ihnen abhängig! Und Sie, Sie allein haben es ausgesucht! Das Tier, von einigen Ausnahmen einmal abgesehen, hat Sie nicht gewählt! Sorgen Sie für Ihr Haustier, und lassen Sie ihm gleichzeitig alle nötigen Freiheiten, sich zu entfalten.

Denken Sie auch darüber nach, einmal im *Tierheim* nachzuschauen. Diese Tiere haben es mehr als verdient, in ein liebevolles neues Zuhause zu kommen!

b) Eigene Einstellung

An dem Verhalten eines Menschen gegenüber den Kindern und den Tieren erkennt man sofort, um welchen Charakter es sich handelt. Und vor allem an dem Verhalten eines Tieres gegenüber einem Menschen erkennt man sehr schnell, was für ein Mensch das ist. Ein Tier nämlich wird nur mit einem gutmütigen, liebevollen, geduldigen und tierlieben Menschen den Umgang suchen!

Spenden

Tun Sie Gutes! Spenden Sie an bedürftige Tiere! Erkundigen Sie sich bei Ihrem örtlichen Tierheim, ob es Ihrer Spende würdig ist. Erkundigen Sie sich vor einer Spende grundsätzlich zur Genüge über die entsprechende Organisation! Leider wird die Spendenbereitschaft oft ausgenützt – oder Spendengelder werden verschwendet oder gar zweckentfremdet verwendet. Sorgen Sie dafür, dass Ihre Spenden auch an die Bedürftigen direkt geht – an die Tiere.

Zoo und Zirkus

Ein Zoo ist nichts anderes als ein Gefängnis für Tiere, für wilde Tiere.

Kein Zirkustier würde jemals von sich aus wählen, immer wieder aufzutreten, dressiert zu sein, oft nicht artgerechte Kunststücke zu vollbringen.

Diese Tiere, im Zoo, im Zirkus, leben kein glückliches, artgerechtes Leben. Diese Tatsache muss man sich immer vor Augen führen!

Ein Zoo ist eine Gefangenschaft für ein Tier. Und nur weil ein Tier in der Gefangenschaft aufgewachsen ist, heißt das noch lange nicht, dass es ihm dann besser geht! Sicherlich scheinen auch diejenigen Projekte zweifelhaft, in denen im Zoo o.ä. aufgewachsene Tiere wieder ausgewildert werden sollen. Diesen Tieren ist die Freiheit fremd, und sie werden sich wohl nie in ihrer natürlichen Heimatumgebung zurechtfinden können geschweige denn überleben. Doch in eigens für sie eingerichteten Parks oder Reservaten beispielsweise kann man ihnen eine gute Möglichkeit bieten, zum einen die Freiheit zurückzuerlangen und gleichzeitig wohl behütet zu sein.

Ähnliches oder noch Schlimmeres gilt für den *Zirkus*. Haben Sie sich schon einmal Gedanken darüber gemacht, bei Ihrem letzten Zirkusbesuch, dass diese Tiere ihr Leben lang in viel zu engen Käfigen eingesperrt sind, nur um zwei- bis dreimal am Tag vor einem Publikum nach der Nase des Dompteurs zu tanzen?

Möchten Sie so ein Zirkustier sein? Wohl kaum! Ich selber gehe nur noch in den Zirkus, wenn die Darsteller ausschließlich aus Menschen bestehen. Die haben sich diesen Beruf schließlich selber ausgesucht und finden Spaß an der Sache!

Vegetarier

Muss ein Tier wirklich sterben, damit Sie satt werden? Würden Sie nicht auch auf andere Weise satt werden? Sie würden! Und Sie würden sich zudem noch gesünder ernähren! Im Kapitel *Ernährung* habe ich bereits versucht, Ihnen meine Ansichten über das Essen von Fleisch und Fisch etwas näher zu bringen. Ich möchte mich nur kurz noch einmal wiederholen: Schmeckt Ihnen wirklich der ein bis drei Tage tote Leichnam auf Ihrem Teller?

Kein Mensch braucht Fleisch in seinem Speiseplan – ich selbst bin das beste Beispiel dafür! Ich wünsche mir nur, dass Sie sich bei dem nächsten toten Tier auf Ihrem Teller bewusst machen, was Sie da eigentlich essen. Sie essen ein Tier, das ohne Sie vielleicht noch leben könnte. Respektieren Sie das Leben auf unserer Erde! Respektieren Sie auch die Tiere!

V. NACHBEREITUNG

Nachdem Sie nun einige Inspirationen zur Verbesserung Ihres Lebens, zur Erfüllung Ihres Daseins und zur Erreichung Ihrer Ziele erhalten haben, möchte ich Ihnen raten, dass Sie hier schriftlich noch einmal die für Sie wichtigsten Aspekte festhalten.

Das ist mein größtes Ziel:

Dies sind meine Zwischenziele:

Hiermit beginne ich sofort:

Das werde ich ändern:

Hieran will ich hart arbeiten:

Das ist mein Zeitplan zur Erreichung meiner Ziele:

Heutiges Datum: _______________________

Im Jahre	will ich dieses Ziel erreicht haben:

VI. NACHWORT

Träume nicht Dein Leben – Lebe Deine Träume!

Sie können alles erreichen, was Sie nur wollen. Sie müssen nur ganz fest daran glauben und alles Nötige dafür tun! Suchen Sie den Sinn Ihres Lebens – Sie werden ihn finden! Finden Sie Ihr Glück! Alles ist möglich! Sie müssen es nur wollen! Schritt für Schritt werden Sie Ihren Weg machen! Bereichern Sie diese Welt! Seien Sie beharrlich in der Verfolgung Ihrer Wünsche und Ziele! Sie werden es schaffen!

Helfen Sie, diese Welt ein wenig besser und schöner zu machen! Sie sind es sich und dem Rest der Welt „schuldig"…!

Es ist Ihr Leben – machen Sie das Beste daraus!

Leben Sie Ihre Träume!

Ihre

Kirsten Schulitz

VII. AFFIRMATIONEN (Anhang)

Thema GELD

- *Ich bin reich*
- *Ich lebe im Luxus*
- *Wir haben immer Geld im Überfluss*
- *Millionär sein*
- *Geld ist stets im Zufluss*
- *Ich ziehe das Geld magisch an*
- *Ich kann mir alles leisten, was ich will*
- *Jeden Tag erhöhen sich meine Einnahmen*
- *Finanzielle Einkünfte kommen täglich auf mich zu*
- *Mein Einkommen steigt täglich*
- *Jeder Euro macht mich reicher*

Thema GESUNDHEIT

- *Ich bin gesund*
- *Ich lebe gesund*
- *Ich ernähre mich gesund*
- *Ich bin topfit*
- *Ich bin Nichtraucher*
- *Ich bin gesund und schön*
- *Es geht mir bestens*
- *Jeden Tag fühle ich mich besser*
- *Ich fühle mich jung, gesund und schön*

Thema PARTNER

- *Ich liebe und werde geliebt*
- *Ich habe einen wundervollen Partner*
- *Ich vertraue auf das Glück*
- *Ich weiß, dass der richtige Partner auf mich zukommt*
- *Ich lebe in Harmonie mit meinem Partner*
- *Ich bin es wert, geliebt zu werden*
- *Das Glück der Liebe ist mir hold*

Thema AUSSEHEN

- *Ich bin wunderschön*
- *Ich bin schlank und schön*
- *Ich liebe mich*
- *Ich habe einen sportlichen Körper*
- *Ich habe eine wundervolle Ausstrahlung*
- *Ich liebe meinen Körper*
- *Ich fühle mich gut so, wie ich bin*

Thema ALLGEMEIN

- *Ich liebe das Leben*
- *Alles ist in Harmonie*
- *Wir sind reich und gesund*
- *Ich liebe mich*
- *Alles Gute für uns*
- *Glück und Zufriedenheit für mich*
- *Ich vertraue*
- *Ich lebe meine Träume*
- *Ich liebe mein Leben und lebe meine Träume*

Liebe dein Leben

und

Lebe deine Träume!

Weitere Bücher von Kirsten Schulitz:

Endlich Vegetarier! Endlich Veganer!
123 einfache, schnelle, kreative, vegetarische/vegane Rezepte...
ISBN 9783837098198

Ganzheitliche Katzenfibel
Alternativer Ratgeber für ein glückliches und gesundes Katzenleben
ISBN 9783837092882

Kirsten Schulitz im Internet:

http://kirstenschulitz.jimdo.com/